# Oraciones a los santos

Virginia Carmelo

# Oraciones a los santos

Hermética

Si usted desea que le mantengamos informado de nuestras publicaciones, sólo tiene que remitirnos su nombre y dirección, indicando qué temas le interesan, y gustosamente complaceremos su petición.

Ediciones Robinbook
información Bibliográfica
apdo. 94.085 - 08080 Barcelona
e-mail: robinbook@abadia.com

*Visite nuestra*
***WEB***

*www.robinbook.com*


Apdo. 94.085 - 08080 Barcelona.
Diseño cubierta: Regina Richling.
ISBN: 84-7927-409-3.
Depósito legal: B-40.914-1999.
Impreso por Limpergraf, c/ Mogoda, 29-31 (Pgno. Can Salvatella), 08210 Barberà del Vallés.



Impreso en España - *Printed in Spain*

# Introducción

Este no es un libro de oraciones y rezos como muchos de los que se han editado últimamente. La mayor parte de las publicaciones dedicadas a este tema se han centrado exclusivamente en recopilar una serie de oraciones de una sola religión, por lo general la que estaba más vigente en el país en que se realizaba la edición. Sin embargo, las oraciones son algo común en todo el mundo desde los tiempos más remotos de la humanidad hasta los tiempos modernos, desde los lugares más remotos hasta las grandes y modernas urbes.

Nunca la oración ha sido privilegio de alguien en especial

y un santo que reza es un santo para todos, sea cual sea su país o su forma de realizar las plegarias a su Dios o Ser Supremo.

Por lo tanto, en este libro, hemos intentado recoger un testimonio de las principales formas de rezar en cada religión o tradición. Ello no quiere decir que este texto abarque las principales oraciones de cada una de las religiones o tradiciones, ya que sería muy difícil decidir qué oración es superior a otra. En realidad no son solamente la frases y las palabras, sino la intención, la fe y la fuerza con las que cada uno puede hacerlas emerger de su interior, lo que verdaderamente importa.

En ocasiones la oración se puede improvisar convirtiéndose en una plegaria personal en la que se recogen las intenciones particulares del sujeto que la improvisa.

Al realizar un recorrido en el tiempo y también en el espacio de las tradiciones y religiones actuales, nos encontramos que en muchos casos aquello que para nosotros, los occidentales, es una oración, para otras tradiciones no lo es, y que lo mismo ocurre en el caso contrario.

Muchos cultos religiosos, místicos o espirituales, se mueven dentro de parámetros que son muy distintos al pensamiento occidental. Así, por ejemplo, muchas invocaciones de los santones sufíes están llenas de poesía y cargadas de términos que no tienen nada en común con las oraciones cristianas.

Otro ejemplo serían las «oraciones» zen o taoístas, que se resumen en frases cargadas de gran filosofía y profundidad realacionadas con su creencias particulares del concepto de Dios y del hombre. En algunos casos en este culto se ve al hombre como un ser capaz de trascender para convertirse en Dios, lo que sería inadmisible para el cristianismo.

Con profundo respeto hemos tratado de reproducir algunas oraciones, invocaciones, rezos o reflexiones de cada una de las diferentes religiones y tradiciones. Como las diferencias son muy grandes, en cada uno de los casos hemos aportado al capítulo un pequeño resumen que explica brevemente los conceptos principales de cada creencia. Indudablemente en los más importantes y conocidos hemos destacado un mayor número de aspectos y, en otros, en cambio, únicamente nos hemos conformado con realizar un resumen más sucinto.

Hemos considerado como religiones principales el cristianismo, hinduismo, judaísmo, islamismo y budismo, y a ellas les hemos dedicado un particular espacio; especialmente al cristianismo, la religión predominante en Occidente. También hemos tratado algunas ramificaciones de estas religiones como, por ejemplo y referente al budismo, el zen y el taoísmo.

Ocasionalmente hemos recurrido a aspectos esotéricos de las religiones que para el cristianismo sería el gnosticismo, y en el caso del islamismo sería el sufismo. También era necesario tener en cuenta a aquellas corrientes que desaparecieron a causa de cruzadas de dudosa bondad, como es el caso de los cátaros, que pudieron dejar algún testimonio de las oraciones o plegarias realizadas por los *bonshommes*.

No podíamos dejar al margen el origen de muchas religiones, así que era necesario hacer un recorrido por los manuscritos de los esenios que parecen ser el testimonio más antiguo del judaísmo/cristianismo. En este caso concreto el material era abundante y hemos tratado de escoger entre esos manuscritos algunos fragmentos representativos de oraciones o plegarias.

Finalmente había dos testimonios religiosos o espirituales que no podíamos omitir, ya que forman parte del origen de todas las religiones. Nos referimos al chamanismo, que originó muchas de las creencias de los amerindios en América del Norte, América del Sur y Centroamérica; y, por supuesto, el druidismo centroeuropeo, de claro origen chamánico.

# 1. Budismo

Los orígenes del budismo se pueden situar en el norte de la India hacia el año 500 a. C. Su representante principal es Buda, Siddharta Gautama, que nació en la India hacia el año 563 a. C. Buda se crió y educó como príncipe, pero abandonó su hogar a los veintinueve años para llevar una vida de meditación y enseñanza. A partir de ese momento fue Buda, «el Iluminado».

En el budismo la plenitud espiritual se logra mediante buenas acciones y pensamientos, y la vida es una secuencia ininterrumpida de nacimientos, muertes y renacimientos.

Los seguidores budistas son sus monjes, que viven una vida sencilla, para cuya consecución renuncian a la mayor parte de sus posesiones terrenales.

El budismo se basa en Cuatro Verdades: los principios sagrados que aparecen en uno de sus libros sagrados, el Dhammapada.

- ▲ **Dukkha:** Vivir es sufrir.
- ▲ **Samudaya:** El deseo o los anhelos provocan siempre el sufrimiento.
- ▲ **Nirodha:** la liberación del deseo conduce al fin del sufrimiento.
- ▲ **Magga:** la liberación se puede lograr siguiendo los ocho buenos caminos del budismo.

Sobre el Dhammapada, el libro más famoso del canon Pali (conjunto de enseñanzas de Buda), diremos que se encuentran las Cuatro Verdades y los Ocho Caminos, que son: corrección de nociones, intenciones, lenguaje, acción, forma de vida, esfuerzo, conciencia y concentración.

En la actualidad hay infinidad de derivaciones del budismo, pero destacaremos que el 56 % de los budistas se adscriben a la tendencia Mahayana, el 38 % lo hacen a la Theravada y un 6 % se reparten entre otras ramificaciones de muy diversas tendencias.

- ▲ Fiestas: La del fin del recogimiento de los lamas, que tiene lugar cuando terminan las lluvias. El nacimiento de Siddharta Gautama. Fiesta de Bodhi, o iluminación de Buda. Parinirvana o ascensión de Buda. Phagguna u origen del ciclo de la vida.

- ▲ Oraciones: Se practican varias al día, en postura de meditación, con velas e incienso y repitiendo mantras.
- ▲ Ritos: En los nacimientos y en las bodas se recitan textos búdicos. En los fallecimientos se recitan textos atribuidos a Buda y se incineran los cadáveres.
- ▲ Dioses y demonios: No hay un dios único, pero sí hombres que pueden llegar a alcanzar la divinidad y convertirse en dioses o demonios. La recompensa final es el nirvana.
- ▲ Deberes: Respetar los preceptos morales, no matar a un ser viviente, no robar, no mentir, no tener una vida sexual disoluta, no beber bebidas embriagantes.
- ▲ Creencias: Se cree en la encarnación, hasta que se puede romper el ciclo que lleva a lograr un estado que transciende la condición humana.
- ▲ Divorcio: La fidelidad en los matrimonios está marcada en los textos sagrados, pero se admite una disolución de la unión siendo ello un asunto puramente secular.
- ▲ Contracepción: Se admite el control de nacimientos si no se practica con violencia. El aborto está prohibido.
- ▲ Homosexualidad: Es una de las cuatro faltas más graves en la disciplina de los monasterios. Está también prohibida para los laicos.
- ▲ Suicidio: Depende de las motivaciones de la persona, pero se admite si se aborda con el espíritu tranquilo.
- ▲ Pena de muerte: Es incompatible con la doctrina budista.

## La grandeza de Buddha

Buda es venerado en múltiples oraciones en las que se describe su grandeza como un Ser Supremo.

«Sí, Gran Sabio, éste es el pensamiento de mi corazón:
¡Hoy, el Venerado del Mundo reside en la Ley Única y Maravillosa!
¡Hoy, el Héroe del Mundo reside en el Asiento de Buddha!
¡Hoy el Ojo del Mundo reside en la Vía más sublime!
¡Hoy, el Honrado de los Dioses transmite la Cualidad de Tathâgata!»

## Votos budistas

El budismo también tiene votos dedicados a Buda o a lo más profundo del ser, como los votos originales de Dharmâkara.

«Mi deseo: que pueda yo, hoy, destruir mis impurezas.
Pero, ¿Por qué habría yo, desconocido, de realizar aquí la Ley?
Obteniendo el Omniconocimiento me convertiré en Buddha para el mundo entero, dioses incluidos.
¿Por qué habría yo, un hombre que conoce el Aguante, de realizar sólo la travesía?
Obteniendo el Omniconocimiento ayudaría al mundo entero, dioses incluidos, a realizar la travesía.
Mediante esta resolución que surge de mí, hombre que conoce el Aguante, alcanzaré el Omniconocimiento
Y ayudaría a la gran multitud a realizar la travesía.
Cortada la corriente del Samsâra, destruidas las tres pasiones.
Embarcando en el bajel de la Ley, ayudaré al mundo entero, dioses incluidos, a realizar la travesía.»

## *Sûtra de la contemplación*

En el Sûtra de la Contemplación la vía que conduce al renacimiento está descrita a lo largo de las dieciséis Contemplaciones que forman la parte central del texto. Estas Contemplaciones constituyen un sistema completo de meditación.

Para apreciar su complejidad y la belleza del texto podemos exponer como ejemplo una de ellas, concretamente la séptima.

«Aquel que desee contemplar a este Buddha, en primer lugar debe concentrar su pensamiento y representarse, en el suelo compuesto por siete joyas, una flor de loto. Cada pétalo de esta flor de loto tiene el color de cien joyas. Posee ochenta y cuatro mil nervaduras que parecen haber sido dibujadas por los dioses. Cada nervadura emite ochenta y cuatro mil rayos de luz, que permiten distinguirlas todas con claridad. Los pétalos de loto pequeños cubren una extensión de ciento cincuenta Yojana. ¡La flor de loto posee ochenta y cuatro mil pétalos! Cada pétalo está adornado con cien millones de perlas Mani que lo hacen resplandecer. Cada perla emite un millar de rayos de luz. Estos rayos de luz forman como un parasol compuesto por las siete joyas y que recubre la tierra entera...»

El texto sigue enumerando otros despliegues extraordinarios: el pericarpio del loto, preciosos pendones, perlas en número infinito lanzando innumerables rayos.

## *El gran Sûtra*

El Gran Sûtra revela en ocasiones momentos de gran fe y de perfección, con el objetivo de alcanzar la meta budista, como vemos acontinuación.

«Dijo Buddha a Maitreya: Aquel que tiene la suerte de oír el Nombre de este Buddha, empieza a exultar de gozo y alcanza así la unidad de pensamiento, sabe que ese hombre sacará de él un gran provecho. Ten en cuenta que está colmado de cualidades insuperables. Por eso, oh Maitreya, incluso si los tres mil grandes millares de mundos son invadidos por el fuego, tú debes recorrerlos para escuchar este Sûtra, regocijarte, para creer gozosamente en él, recibirlo, guardarlo, leerlo, recitarlo y practicar lo que enseña. ¿Y por qué? Porque hay Bodhisattva que aspiran a escuchar este Sûtra, pero sin lograrlo. Si seres vivos, pues, lo escuchan, realizarán así, la Vía Suprema sin desviarse ya nunca más de ella. He aquí por qué es con un corazón exclusivo como debéis creer en este Sûtra, guardarlo, comprenderlo, recitarlo y practicar lo que enseña.»

## *Canon Pali*

Del Canon Pali extraemos esta cita que se refiere brevemente a la dependencia por casualidad.

«El No-saber es la causa de la voluntad de vivir.
La voluntad de vivir es la causa de la conciencia.
La conciencia es la causa de mente y cuerpo.

El nacimiento es la causa de la vejez y la muerte, dolencias, penas, miserias, aflicción y desesperación.

De esta manera se forma el caudal del dolor.»

## El Dhammpada

El Dhammpada o la Senda de la Enseñanza de Buddha es una colección de 423 estancias que fueron recogidos desde los más antiguos orígenes del budismo, y que todo practicante debe repetir como oraciones para recordar la filosofía del budismo y algunos de sus principios. A continuación recogemos quince de estas *vaggas* o secciones de gran riqueza que se acostumbran a repetir a los discípulos como si se tratasen de oraciones.

▲ Así como la lluvia penetra en una casa mal techada, de la misma manera las pasiones dominan a aquel cuya mente es indolente.

▲ Aquel que es diligente, atento, cuyos actos son puros, que obra con prudencia, posee el dominio de sí mismo, ése acrecentará su gloria.

▲ Como un arquero endereza su flecha así enderezará el sabio su mente inestable y vacilante, la cual es difícil de dominar, difícil de vigilar.

▲ Ni madre, ni padre, ni pariente alguno harán tanto como una mente bien dirigida.

▲ Uno no debe advertir las faltas de los demás, ni tampoco juzgar sus actos o negligencias, sino ser consciente de los propios actos, faltas y negligencias.

▲ Una mano sin heridas puede tocar veneno; el veneno no

afecta al que no tiene heridas; tampoco existe el mal para aquel que no comete malas acciones.

- ▲ El hombre de cortos alcances envejece como el buey: aumenta de peso, pero decrece su saber.
- ▲ Considera este mundo como una burbuja, un espejismo, pues si así lo consideras, el rey de la muerte (Mara) no te verá.
- ▲ Un hombre no es docto porque hable mucho. Aquel que es paciente, está libre del odio y del temor, a ése se le puede llamar docto.
- ▲ La moderación en el lenguaje, el dominio de la mente y la abstinencia, son los tres medios de acción que permiten alcanzar el Sendero que los sabios han conocido.
- ▲ Están siempre alerta y despiertos los discípulos de Gotama, que día y noche, hallan su deleite en la meditación.
- ▲ Si os es dable encontrar un compañero prudente, probo, sabio, vivid en su compañía pues con él venceréis todos los peligros.
- ▲ Ya sea en una aldea, un bosque, una llanura, una colina o dónde sea que vivan los Arahates, ése es, en verdad, un lugar delicioso.
- ▲ El que en busca de su propia felicidad, no castiga o mata a seres que también desean la felicidad, hallará la felicidad después de la muerte.
- ▲ Es poco frecuente hallar en este mundo un hombre que, refrenado por la modestia, evita el reproche, tal como el caballo de pura sangre elude el látigo.

# 2. Catarismo

Los cátaros constituían un movimiento cristiano que durante el siglo XII extendió su influencia por toda Europa, creando comunidades tales como los valdenses, albigenses, bogomilos, etc. Su ámbito principal fue el Languedoc y en Occitania.

La fe cátara está basada en un dualismo que defendía la transmigración de las almas aceptando la inspiración gnóstica que atribuye al hombre tres naturalezas: cuerpo, alma y espíritu. Los cátaros rechazaban los sacramentos del cristianismo romano y estaban en contra de la fastuosidad de la Iglesia.

Un creyente cátaro perfecto practicaba un ascetismo muy severo. No mataba, ni juraba, ni mentía, ni se unía a mujer alguna. Se abstenía de comer carne, huevos y queso.

Su principal ritual era el don de la consolación, que se aplicaba al bautismo y a la extremaunción. Los creyentes seguían la fe cátara y los perfectos o *bonshommes* la practicaban.

El catarismo se convirtió en una religión peligrosa para el cristianismo existente, ya que practicaba una mayor pureza y sentido de la pobreza que la Iglesia de Roma, por lo que el papa Inocencio III organizó una cruzada contra ellos llena de sadismo y crueldad, asaltando castillos y ciudades en las que se mataba y se quemaba a toda persona sospechosa de ser cátara. Esta cruzada terminó con el asalto al último baluarte cátaro, el castillo de Montségur, que cayó en el año 1244, y cuyos ocupantes fueron todos quemados vivos en un campo que se extiende frente al castillo y que es conocido como *camp dels cremats*. En la actualidad en este campo hay una estela con una inscripción y jamás faltan ofrendas florales.

## Oración de la estela de Montségur

Esta oración es un homenaje a los santos *bonshommes* (nombre que se les daba a los practicantes del catarismo) y a la Iglesia del Amor del catarismo, así como un perdón para aquellos que cometieron crueles crímenes contra los cátaros.

«A los *bonshommes* y bravas mujeres, mis hermanos y hermanas de sangre y Espíritu, libres pensadores según su Fe, que han dado su vida para que nosotros comprendiéramos, gnóstico cristianos como en los primeros tiempos en las palabras de Jesús, respetuosos de la herencia mitológica, de los druidas celtas, de los sabios orientales desde Persia a Bosnia, occitanos de esta tierra, a la igualdad de todos en la nobleza de corazón y de alma. A la Aurora de los niños de Juan, un laurel reverdecido a Montségur, muros a la palabra viviente de lo que se vivió a principios del siglo XIII. Consolando los otros sus penas, humildes *bonshommes* que perdonan la masacre de Béziers, Toulouse, Marmande, Lavaur.

»Hoy, yo que respeto a estos *bonshommes*, que nos dan una mirada de simplicidad, de niño, acercando a los seres por su pensamiento. ¡Escuchad el silencio del corazón y del alma, mirad el tiempo que pasa! ¡Apreciad lo que vuestro corazón entiende y vuestra alma sabe ver! ¡Y la voz de los *bonshommes* será clara para vosotros! ¡Estas palabras son posiblemente insignificantes, el mensaje vuela hacia las cimas del alma! ¡Homenajeado y respetado por los *bonshommes* de buena voluntad y de sabiduría! ¡He aquí su Iglesia de Amor!»

## Ritual oratorio occitano de Dublín

Este ritual oratorio occitano de Dublín es uno de los pocos extractos sobre la Iglesia de Dios del catarismo. Su manuscrito está conservado en el Trinity College de Dublín, y puede considerarse como una oración que los *bonshommes* practicaban para transmitir el catarismo.

«En nombre del Padre y del Hijo y del Espíritu Santo.

Queremos reunir algunos testimonios de las Sagradas

Escrituras, para hacer comprender y conocer lo que es la Iglesia de Dios.

»Esta Iglesia no es de piedra, ni de madera, ni de nada hecho por la mano del hombre. Porque está escrito en los Hechos de los Apóstoles que: "El Altísimo no mora en cosas hechas por la mano del hombre".

»Pero esta Santa Iglesia es asamblea de fieles y santos, en las que Jesucristo está y estará hasta el final de los siglos como dice Nuestro Señor en el Evangelio de San Mateo: "He aquí, estoy con vosotros para siempre hasta la consumación de los siglos". Y en el Evangelio de San Juan dice: "Si alguien me ama, guardará mi palabra y mi Padre le amará e iremos a él y permaneceremos junto a él". Y dice también: "Si me amáis, guardad mis mandamientos y rogaré al Padre y el os dará otro consolador, que estará con vosotros por toda la eternidad. Espíritu de verdad que el mundo no puede recibir, pues no lo ve ni lo conoce; pero vosotros lo conoceréis, pues estará en vosotros y será en vosotros; no os dejaré huérfanos, vendré a vosotros".»

## 3. Chamanismo

Se trata de un culto tan antiguo como los orígenes del ser humano, ya que se aprecian rastros de él en sepulcros del Neanderthal en Irak, donde se recogen prácticas y rituales con una antigüedad de más de cuarenta mil años. En las cuevas de los Trois Frères, en Francia, también existen vestigios de rituales chamánicos de la época del hombre de Cromagnon.

Siglos después se practicó el chamanismo entre los pueblos no budistas de Mongolia que, más tarde, lo transmitieron a Europa y América; a Europa a través de las corrientes indoeuropeas que derivaron en el druidismo del pueblo celta, a

América llegó por corrientes que atravesaron el estrecho de Bering y lo transmitieron a los amerindios del norte, centro y sur de continente americano.

El chamanismo está considerado como una de las religiones más antiguas del mundo, animista y panteísta. Se puede decir que el chamán es un sacerdote-hechicero que, a través del éxtasis o estado modificado de conciencia, producido por tambores, técnicas especiales, o ingestión de hongos y hierbas alucinógenas, se pone en contacto con los espíritus buenos y malos incidiendo así en los acontecimientos del mundo y de su tribu.

Para M. Eliade un chamán es «el que conoce las técnicas arcaicas del éxtasis». Krippner opina que es «un curandero indígena que altera deliberadamente suconciencia a fin de obtener conocimiento y poder proveniente del mundo de los espíritus para ayudar y curar a los miembros de su tribu». Harner, un de los grandes especialistas en chamanismo destaca que el chamán es «una persona de cualquier sexo que tiene un especial contacto con los espíritus (entendidos como fuerza no fácilmente evidenciable) y capaz de usar su habilidad para actuar sobre aquellos que están afectados por esos mismo espíritus». Finalmente R. N. Walsh señala que un chamán es «un guía, un sanador, una fuente de conexión social, un mantenedor de los mitos del grupo y de su concepción del mundo».

Destacaremos finalmente que las metas de un chamán son: restaurar la salud, limpiar, purificar, reparar, mejorar las relaciones del individuo con su grupo y su entorno, dar sentido a lo que está ocurriendo, explicándolo o reencuadrándolo de una manera significativa.

## *Oración a los cuatro elementos de la rueda medicinal*

Oración de la Isla de la Tortuga, en la Costa Oeste, recopilada por Ralp Metzner. Esta oración está dirigida al Espíritu del Norte, del Este, Oeste y Sur, y tiene como fin alinearse con él, para que su poder fluya a través del que ora, para alcanzar el bien del planeta y de todas las criaturas que lo habitan.

«Al Gran Espíritu del Norte.
¡Oh!, Gran Espíritu del Norte,
invisible espíritu del aire,
y de los frescos y fríos vientos.
¡Oh!, vasto e ilimitado Abuelo Cielo,
Tu aliento vivo anima a toda la vida.
Tuyo es el poder de la claridad y de la fuerza,
el poder de oír los sonidos internos,
de barrer los viejos modelos,
y de traer el cambio y el desafío,
el éxtasis del movimiento y la danza.

»Oramos para alinearnos contigo
para que tu poder fluya a través de nosotros,
y sea expresado por nosotros por el bien de este planeta,
y de todas las criaturas que lo habitan.

»Al Gran Espíritu del Este
¡Oh!, Gran espíritu del Este, radiación del sol naciente,
espíritu de los nuevos comienzos, ¡oh!, Abuelo Fuego,
gran fuerza nuclear, del sol,
el poder de la energía de vida, chispa vital,

el poder de ver a lo lejos y de imaginar con valentía,
el poder de purificar nuestros sentidos,
nuestros corazones y nuestras mentes.

»Oramos para alinearnos contigo,
para que tus poderes puedan fluir a través
de nosotros y sean expresados por nosotros
por el bien de este planeta Tierra,
y de todas las criaturas que lo habitan.

»Al Gran Espíritu del Sur.
¡Oh!, Gran Espíritu del Sur,
protector de la tierra fructífera,
de todo lo verde que crece,
los nobles árboles y hierbas,
Abuela Tierra, alma de la naturaleza,
el gran poder de lo receptivo,
de la nutrición y la persistencia,
el poder de crecer y producir,
flores del campo, frutos del jardín.

»Oramos para alinearnos contigo,
para que tus poderes puedan fluir a través de nosotros
y sean expresados por nosotros
por el bien de este planeta Tierra,
y de todas las criaturas que lo habitan.

»Al Gran Espíritu del Oeste.
¡Oh!, Gran Espíritu de Oeste, de las grandes aguas
de la lluvia, de los ríos, lagos y manantiales.
¡Oh! Abuela Océano, honda matriz, útero de toda la vida,

el poder de disolver los límites,
de liberar las ataduras, el poder de saborear y sentir,
de limpiar y sanar, gran oscuridad bendita de la paz.
»Oramos para alinearnos contigo,
para que tus poderes puedan fluir a través de
nosotros y sean expresados por nosotros
por el bien de este planeta,
y de todas las criaturas que lo habitan.»

## Alabanza bendita a las tres hierbas

Se trata de una alabanza-oración de los chamanes mexicanos consagrada a tres de sus principales hierbas: albahaca, ruda y romero. Estas plantas las emplean en numerosos ritos desde hace miles de años. La ruda, concretamente, es una de las hierbas que fue utilizada con más frecuencia por la brujería española. En su persecución a las brujas, lamias o hechiceras, la Inquisición buscaba esta hierba plantada en los alrededores de los hogares de las presuntas hechiceras como prueba del delito brujeril.

Esta alabanza-oración tiene como finalidad la de proteger el hogar de toda enfermedad y maldad. Durante la oración o el chamán, procede a quemar estas tres hierbas y dejar que el humo impregne su hogar.

«Albahaca, ruda y romero
de la tierra y Dios consagradas,
que por virtud silvestre nacieron
y no fueron por manos sembradas.

»Albahaca, ruda y romero
por el secreto que Dios les ha dado,
retiren de mi hogar cuanto hechicero
me haya enfermado
y que venga lo sano que Dios ha creado.

»Albahaca, ruda y romero
por tus secretos y virtudes;
destierra con tus humos primeros
los espíritus malévolos
con sus actitudes.»

## *Alabanza al romero*

Existe otra alabanza-oración muy similar en la que sólo se cita una de estas tres hierbas, concretamente al romero, y cuya finalidad es parecida a la anterior alabanza.

«Romero bendito
de Dios consagrado
que fuiste nacido
no fuiste sembrado,
por la virtud
que Dios ha dado
haz que entre lo bueno
y salga lo malo.»

# 4. Confucianismo

El confucianismo no se basa en el culto a un dios, sino en seguir el Tao (el camino). Esta creencia enseña que lo sabio es llevar una vida equilibrada y en armonía con la naturaleza.

El confucianismo surgió en la provincia china de Shantung hacia el siglo VI a. C. Su enseñanza principal, reflejada en los Analectas, sus textos sagrados más importantes, es: «Nunca les hagas a los demás lo que no querrías que te hicieran a ti».

El principal representante y fundador de esta religión es Confucio, o K'ung Fu-Tzu (551-479 a. C.). Confucio nació en

China y trabajó de administrador gubernamental hasta que se convirtió en un maestro y filósofo moral respetado y famoso por sus dichos.

## Bondad natural del hombre

De los textos sagrados extraemos estos fragmentos que hablan de la bondad natural del hombre.

«El hombre nace bueno. Bajo la influencia de los objetos y de los acontecimientos exteriores, cambian sus disposiciones...

»El Cielo imprime la ley moral en el corazón de todos los hombres. Quienes le siguen conservan la bondad natural...»

## Lun-Yu

El Lun-Yu es un texto sagrado en el que aparecen numerosas sentencias que están dispuestas sin orden ni sistema cronológico, temático o de cualquier otra disposición. De este texto extraemos algunas de estas importantes sentencias que se leen como nosotros leeríamos las oraciones de nuestros textos sagrados.

«Dijo el Maestro: A los quince años, mi espíritu se aplicaba en el estudio; a los treinta estaba seguro de mí mismo; a los cuarenta, ya no tenía dudas ni titubeos; a los cincuenta conocí la ley del Cielo; a los sesenta, se abrieron mis oídos y comprendí fácilmente las causas de los acontecimientos; a los setenta, fui capaz de seguir los deseos de mi corazón sin exceder la medida.

»El Maestro dijo: "¡Cómo compararme con los perfectos o, al menos, con los buenos! Sólo sé decir de mí que de buen grado me afano por ser como ellos y enseño el Tao a los demás sin desanimarme ni descorazonarme nunca...".

»El Maestro dijo: "Las vías rectas o cualidades principales del hombre perfecto son tres, que yo no he podido aún alcanzar completamente: la humanidad, que disipa las tristezas; la ciencia, que disipa las dudas del espíritu; el valor, que disipa los temores".»

## Li (ley, ética, moral)

«Hay tres cosas que el hombre superior reverencia: reverencia los decretos del Cielo, reverencia a los grandes hombres y reverencia las palabras de los piadosos. Los hombres vulgares no conocen los decretos del Cielos y, por consiguiente, no los reverencian...

»El Maestro ha dicho: "¡Qué vastas y profundas son las facultades de los Espíritus y de la Naturaleza!" Las miras, pero no las ves; las escuchas, pero no las oyes. Dan forman a las cosas, pero no pueden seguirse sus huellas. Hacen que en toda la tierra los hombres guarden ayuno, purifiquen su corazón y se revistan de su traje de gala para ofrecer sacrificios y oblaciones a sus antepasados. ¿Es mejor ofrecer sacrificios a los genios del propio hogar que a los espíritus de los grandes atrios de los antepasados?. El Maestro responde: "El que peca contra el Cielo, ya no tiene a quien poder dirigir sus oraciones".»

## 5. Cristianismo

El cristianismo como religión aparece hacia el año 30 en Jerusalén, su representante es Jesús que nació en Belén hacia el año 4 a. C., y que a los treinta años comenzó a predicar la fe cristiana, siendo unos años más tarde juzgado y ejecutado por mantener creencias contrarias a la ley hebrea.

Los cristianos creen que Jesucristo es el hijo de Dios, y los puntos claves de su religión se basan en que Jesús resucitó de entre los muertos; la Santísima Trinidad está compuesta por Padre, Hijo y Espíritu Santo; Jesús enseñó que se debe amar a Dios y al prójimo como a uno mismo. Los cristianos deben obedecer diez mandamientos que se basan en diez reglas adaptadas de las escrituras judías (Antiguo Testamento).

El libro sagrado del cristianismo es la Biblia que está compuesta de dos partes, el Antiguo y el Nuevo Testamento. El Antiguo Testamento contiene los textos sagrados judíos, mientras que el Nuevo Testamento trata sobre la vida de Jesús y los inicios de la Iglesia. Fue Johannes Guttenberg quién realizó la primera Biblia impresa en 1455.

Hoy los cristianos se dividen en varios tipos: los católicos (56 %), los protestantes (24,5 %), los ortodoxos orientales (9,3 %) y otras comunidades que representan el 10,2 % restante.

Es en el siglo IV cuando, tras la conversión del emperador Constantino, el cristianismo se convierte en una religión de Estado. En el año 1054 se produce en cisma de Oriente, en el que la Iglesia católica romana se queda bajo la autoridad del Papa, y la Iglesia ortodoxa depende del patriarca de Constantinopla. En el siglo XVI, se produce la Reforma, y Lutero y Calvino no desean estar bajo la autoridad del Papa y sus dogmas, dando lugar al cristianismo protestante.

▲ Fiestas: Navidad, Pascua, Ascensión, Pentecostés y Santificación de la Virgen María.
▲ Oraciones: Padre Nuestro, Saludo a la Virgen y otras.
▲ Ritos: Bautismo en el nacimiento; Sacramento del matrimonio para católicos y ortodoxos, simple bendición para los protestantes.
▲ Dioses y demonios: Dios único, su hijo es Jesús. Demonios característicos del paganismo.
▲ Deberes: Obedecer la enseñanza de la Iglesia con sus

mandamientos, confesión en el catolicismo (los protestantes no la practican).

- Creencias: Paraíso y vida eterna para sus seguidores. Infierno para los pecadores. Purgatorio sólo en los católicos.
- Divorcio: Condenado por los católicos, permitido por los protestantes y ortodoxos.
- Contracepción: Los católicos están en contra del aborto y los métodos contraceptivos no naturales. Los protestantes admiten la contracepción y sus métodos. Los ortodoxos no admiten el aborto pero no juzgan la contracepción.
- Homosexualidad: Proscrita por los católicos, tolerada en los protestantes, sin postura específica en los ortodoxos.
- Suicido: Condenado igual que la eutanasia. Posturas diversas entre los protestantes.
- Pena de muerte: No se condena la pena de muerte y se deja su decisión en manos de los gobernantes.

## El Padre Nuestro

El Padre Nuestro es la oración por excelencia, la primera y primordial, dictada por Jesús a los Apóstoles, en respuesta a la pregunta que le hicieron de cómo podían rezar y comunicarse con Dios.

«Padre nuestro que estás en el cielo.
Santificado sea Tu nombre.
Venga a nosotros Tu reino.
Hágase Tu voluntad así en la tierra como en el cielo.
El pan nuestro de cada día dánosle hoy.
Perdona nuestras culpas.

Así como nosotros perdonamos a los que nos han ofendido. No nos dejes caer en la tentación y líbranos de todo mal. Amén.»

## *Oración a san Francisco de Asís*

La siguiente oración dictada por san Francisco de Asís, es una joya de amor que debería estar colgada en la pared o en el corazón, como modelo o código deontológico. Dice así:

«Señor, haz de mí un instrumento de paz.
Donde haya odio, ponga yo el amor.
Donde haya ofensa, que yo ponga el perdón.
Donde haya discordia, siempre yo la armonía.
Donde haya error, ponga yo verdad.
Donde haya duda, inspire yo el perdón.
Donde haya desesperación, ponga esperanza.
Donde reinen las tinieblas, ponga yo la luz.
Donde haya tristeza, ponga la alegría.

»Que no quiera tanto ser consolado, como consolar.
Ser comprendido, como comprender. Ser amado, como amar.»

»Porque dando es cómo se recibe.
Perdonando somos perdonados.
Amando seremos amados.
Olvidando encontraremos la paz.
Muriendo podremos acceder a la vida eterna.»

## *La Gran Invocación Cósmica*

Se trata de una oración mucho más actual, a la que algunos denominan «La Gran Invocación Cósmica» y otros la asimilan al Padre Nuestro de la Nueva Era. Dice así:

«Desde el punto de Luz anclada en la mente de Dios,
Que afluya la luz a la mente del hombre,
Que esta luz impregne la Tierra.

»Desde el punto de Amor en el Corazón de Dios,
Que fluya el amor entre los hombres,
Que el Amor retorne a la Tierra.

»Desde el centro donde la voluntad del Señor es conocida,
Que esta voluntad guíe las pequeñas voluntades de los hombres.
El verdadero propósito que los Maestros sirven y conocen.
Desde el centro que llamamos la esencia de los hombres,
Que se realice este plan de Amor y Luz,
Y con su ejecución, se selle la puerta, allí donde se halla el mal.

»Que la paz inunde el corazón y la mente de cada ser.
Que el plan Divino, hecho de Poder, Amor y Luz,
Sea establecido en toda la Tierra.»

## *Oración y ofrenda a María Inmaculada*

A la hora de rezar, no podemos olvidarnos de dirigir nuestras plegarias a María Inmaculada, que según la tradición, además de ser la Madre Universal, intercede ante su Hijo Jesús sobre nosotros y cumple la función de emisaria de nuestros deseos o súplicas.

«Bendita sea tu pureza,
eternamente lo sea,
pues todo un Dios se recrea
en tan grandiosa belleza.

A ti, celestial Princesa,
Virgen sagrada, María,
yo te ofrezco, desde este día,
alma, vida y corazón.
Mírame con compasión,
¡no me dejes, Madre mía!»

## *Salve*

Dentro de esta religión, encontramos también una oración emblemática dirigida a la Virgen María que nos sirve de saludo y reconocimiento. Es la siguiente:

«Dios te salve, Reina y Madre de misericordia,
Vida y dulzura, esperanza nuestra.

»Dios te salve, a Ti llamamos los desterrados hijos de Eva. A Ti suplicamos, gimiendo y llorando en este valle de lágrimas.

¡Ea!, pues, Señora abogada nuestra, vuelve a nosotros estos Tus ojos tan misericordiosos.

»Y después de ese destierro, muéstranos a Jesús, fruto bendito de Tu vientre.

»¡Oh clementísima! ¡Oh piadosa! ¡Oh dulce siempre Virgen María!

»Ruega por nosotros, Santa Madre de Dios. Para que seamos dignos de alcanzar y gozar las promesas de Nuestro Señor Jesucristo. Amén.»

## *Ave María*

«¡Dios te salve María!
Llena eres de gracia.
El Señor es Contigo.
Y bendita Tú eres.
Entre todas las mujeres.
Y bendito es el Fruto de tu vientre, Jesús.

»Santa María.
Madre de Dios.
Ruega por nosotros, pecadores.
Ahora y en la hora de nuestra muerte. Amén.»

## Credo

Para los católicos hay una oración que representa un acto de fe a la doctrina de sus creencias, esta oración es el Credo.

«Creo en Dios Padre Todopoderoso.
Creador del Cielo y de la Tierra,
Y en Jesucristo, su único Hijo, Nuestro Señor,
Que fue concebido por obra y gracia del Espíritu Santo,
Y nació de Santa María Virgen;
Padeció bajo el poder de Poncio Pilato;
Fue crucificado, muerto y sepultado;
Descendió a los infiernos;
Al tercer día resucitó de entre los muertos;
Subió a los Cielos y está sentado a la diestra de Dios Padre;
Desde allí ha de venir a juzgar a los vivos y a los muertos.

»Creo en el Espíritu Santo,
La Santa Iglesia Católica
La Comunión de los Santos.
El perdón de los pecados.
La resurrección de la carne.
Y la vida perdurable. Amén.»

## La persignación

Uno de los símbolos por excelencia del cristiano es la Santa Cruz que es la representación de la figura de Cristo Crucificado que mediante la crucifixión les redimió.

Este símbolo se utiliza como signo habitual y especialmente antes y después de orar, al levantarse de la cama, si se ven en una necesidad, tentación o peligro, al salir de casa, al entrar en la iglesia, al comer o al acostarse.

Podemos distinguir dos formas distintas. Una se denomina «signar» y otra «santiguar». «Signar» consiste en hacer tres cruces con el dedo pulgar de la mano derecha. La primera en la frente, para que Dios les libre de los malos pensamientos. La segunda, en la boca, para que Dios les libre de las malas palabras. La tercera, en el pecho, para que Dios les libre de las malas acciones o deseos, acompañando el gesto con las siguientes palabras:

«Por la señal de la Santa Cruz de nuestros enemigos líbranos Señor, Dios nuestro.»

«Santiguar» consiste en hacer una cruz con dos dedos de la mano derecha, desde la frente hasta el pecho y, desde el hombro izquierdo hasta el derecho, invocando la Santísima Trinidad, diciendo las siguientes palabras:

«En el nombre del Padre y del Hijo y del Espíritu Santo Amén.»

## *Las oraciones de santa Teresa de Jesús*

Santa Teresa de Jesús es sin duda una de las santas más destacadas del cristianismo, especialmente por sus obras escritascomo *Autobiografía* y *Las Moradas*. En estas obras santa Teresa plasma sus reflexiones, sus pensamientos y oraciones utilizando una prosa comparable a la de los santones del islamismo. Pero santa Teresa de Jesús es también una santa que alcanzó envidiables estados de éxtasis e iluminación, que transcribe a través de su obra escrita. Es la poetisa que recordaremos por aquel fragmento de insuperable profundidad:

«Vivo sin vivir en mí
y tan alta vida espero
que muero porque no muero.

»Venga ya la dulce muerte,
el morir venga ligero,
que muero porque no muero.»

Hay otra oración de santa Teresa donde se demuestra su desesperación. En ella muestra su claridad de percepción y estalla indignada ante los engaños y dobleces del mundo, y ante la mentira.

«¡Oh Señor! Si me dierades estado para decir a voces esto, no me creyeran, como hacen a muchos que lo saben decir de otra suerte que yo; y más al menos satisficiérame yo. Paréceme que tuviera en poco la vida por dar a entender en una sola verdad de éstas; no sé después lo que hiciera, que no hay que fiar de mí; con ser la que soy me dan grandes ímpetus por decir esto a los que mandan, que me deshacen.»

Santa Teresa
*Moradas*

El gran esfuerzo de escribir todo lo que piensa parece en ocasiones sobrepasarla y las dificultades que tiene que superar para proseguir le hacen exclamar:

«¡Válgame Dios en lo que me he metido! Ya tenía olvidado lo que trataba, porque los negocios y salud me hacen dejarlo al mejor tiempo; y como tengo poca memoria, irá todo desconcertado, por poder tomarlo a leer, y quizá se es todo desconcierto cuando digo, al menos es lo que siento.»

Santa Teresa
*Autobiografía*

Al hablar del tercer grado de oración en este libro confiesa:

«Yo no sé otros términos cómo lo decir, ni cómo lo declarar, ni entonces sabe el alma qué hacer, porque ni sabe si hable, ni si calle, ni si ría, ni si llore. Es un glorioso desatino, una celestial locura, adonde se desprende la verdadera sabiduría, y es deleitosísima manera de gozar el alma.»

## 6. *Druidismo*

Los druidas fueron los seres de conocimiento del pueblo celta y su origen está, hasta cierto punto, íntimamente ligado con esta civilización que se instaló en el centro de Europa.

Algunos autores han encontrado antecedentes del druidismo en la visita de Eneas, con un ramo de muérdago en la mano, al Averno para interrogar a su padre Anquises. Pero también es un símbolo, hasta cierto punto druídico, la leyenda de la Tabla Redonda y los doce caballeros que, aconsejados por el gran druida Merlín, emprenden la búsqueda del Grial. Es posible que observemos grandes problemas cronológicos entre la leyenda artúrica y el druidismo. Hechos que acontecieron en épocas muy distantes, pero la reaparición de un Druida en la época medieval no impide suponer que hubo una tradición que se perpetuó ocultamente desde la Guerra de las Galias, hasta la saga artúrica.

Dentro de la leyenda druídica vemos a Merlín construyendo el gran monumento megalítico de Stonehenge, mucho antes que los celtas llegasen a Europa, transportando sus enormes bloques de piedra desde el reino de los Tuath, en Irlanda. Luego lo encontramos nuevamente en la literatura medieval ayudando al rey Arturo; pero Merlín fue un mago, y para un mago espacio y tiempo son dimensiones que no existen.

El druidismo fue un sistema filosófico sagrado, con una amplia tradición intelectual y espiritual que se perdió, tras la invasión romana de las tierras célticas.

Los druidas, ya fueran hombres o mujeres, se caracterizaban por ser los principales personajes de este mundo lleno de aspectos que se mueven entre la antigua magia.

El druida era un ser real que buscaba la trascendencia, deseaba adquirir la condición de «ser humano», ya que con independencia de su sexo, buscaba equilibrar las fuerzas masculinas y femeninas que había en su interior, en definitiva, aprovechar al máximo sus dos hemisferios cerebrales: el material e histórico y el espiritual e intuitivo.

Como iniciado y chamán, el druida velaba por las cosas divinas, ocupándose de los ritos, preservando sus tradiciones sagradas e instruyendo a los jóvenes. Pero su papel no acaba aquí, pues también actuó como mago, adivino y médico. Como «hombre medicina», desarrolló todo un diagnóstico preventivo y en el caso de una dolencia, buscaba encontrar la forma de «curar la causa» por encima de la «solución del efecto».

Como los chamanes en otros lugares del mundo, los druidas usaron «hechizos» (fórmulas) para curar, penetrando en otras realidades que sólo son accesibles para el hombre moderno mediante un espiritualismo transcendental, conseguido con la meditación profunda o a través de un estado modificado de conciencia.

El druida se valía de su entorno para trabajar, recogiendo plantas y hierbas para elaborar suspocimas. Así, aprovechará los recursos de los cuatro elementos, armonizándose con ellos, y usará la tierra, el agua, el fuego, el aire y los seres vivientes, conectará con ellos utilizando sus centros energéticos y las cualidades de la farmacopea vegetal. Pero estas acciones se llevarán a cabo siempre con el máximo respeto, pues el druida parte de la base de que su mundo es un hábitat que comparte con otros seres vivos con los mismos derechos que él.

En el bosque el druida encontraba todos los elementos para su magia; los árboles le proporcionaban material para construir sus varas y varitas, le ayudaban en su vida espiritual pues hablaba con ellos. Pero en el bosque había otros elementos, como el aire que transmitía sensaciones y noticias; los sonidos de los animales le hablaban de mundos diferentes. El bosque era un lugar de recogimiento para estar consigo mismo.

Para los druidas los árboles fueron los «seres humanos quietos», seres evolucionados en quienes confiaban para sus rituales, secretos, consultas y apreciaciones de la vida. No cabe duda que el árbol es un elemento esencial en la tradición druídica para completar todas sus ceremonias; Plinio, refiriéndose a la relación de los druidas con las encinas dice:

«La encina es el árbol que ellos eligen para crear bosques sagrados, y no hacen ninguna ceremonia sin su follaje; hasta el punto de que la etimología de su nombre podría pasar por griego. Es sabido que guardan todo lo que se posa sobre estos árboles como enviado del cielo, viendo en ello un signo de la elección del árbol por un dios».

Sin embargo, hoy sabemos que no sólo la encina era el árbol sagrado de los druidas, también se ha descubierto que recolectaban del abedul y del pino negro uno de los hongos más destacados para la elaboración de psicodélicos, la *amanita muscaria*, tal vez componente de la poción mágica druídica junto al muérdago, laurel y ruda. Está claro que los druidas consumieron el hongo sagrado, la *amanita muscaria*, ya que en su mundo mágico se nos habla de gnomos y elfos que habitan en los bosques, arquetipos clásicos de la visión producida por este hongo.

Pero quizás el árbol mágico por excelencia fue el roble, a él acudían como árbol padre, de él cortaban el muérdago, su planta sagrada. Y no debemos olvidar que los druidas, en los claros del bosque de robles, realizaban sus ceremonias de unión, de vida y de muerte.

Dentro de este culto religioso predominan los cánticos y las baladas más que las oraciones. La vibración jugaba un importante papel en la magia de la pronunciación. Así una palabra o una oración, entonada con sus vibraciones, era capaz de producir efectos misteriosos.

Recordemos el hecho cuando Vercingétorix recita describiendo círculos alrededor de César en el momento de su rendición, que en realidad no era tal rendición sino una especie de posesión simbólica del enemigo a través de círculos que se dibujaban de derecha a izquierda e iban acompañados de extrañas palabras que emergían con una especial entonación.

- ▲ Fiestas: Dentro de las diferentes festividades druídicas, destacaremos como más importantes, al margen de los solsticios:

- ▲ Inbolc: Celebrada el 2 de febrero en honor de la tierra que se limpia de impurezas y se prepara para dar nuevos frutos.

- ▲ Beltaine: Celebrada el primer día de mayo como representación del florecimiento y la fecundidad.

- ▲ Lughnasad: En honor del dios Lug, representante de la luz. Es una fiesta de verano celebrada el 1 de agosto. Una celebración de la llegada de los frutos de la cosecha.

- ▲ Samahin: Celebrada del 31 de octubre al 2 de noviembre, en honor de los muertos y de los seres del otro mundo.

- ▲ Ritos: Sin lugar a dudas, el más importante de todos ellos es el de la recolección del muérdago, auténtica panacea de lo sagrado, pero además, destacaremos los rituales de nacimiento y de muerte, para dar la bienvenida a los nuevos seres (parecido al bautismo) o despedida de los que ya no están (similar a un sepelio). Rituales de iniciación dentro de la religión y ceremonias de boda.

- ▲ Dioses: Los dos más representativos son Lug y Eire. El dios Lug representa el principio activo masculino, el fuego. Por su parte Eire es la tierra, el principio de lo estable y asentado, la mujer. Otros dioses son: El dios héroe Teutatis, Og padre del dios del amor Aenghus, Brighid, diosa de la naturaleza y Ceridwen diosa anciana de la sabiduría.

▲ Deberes: Dentro de la comunidad druídica, quizá debemos destacar como deber: profesar el máximo respeto por los miembros de la tribu y por las palabras del druida, que eran sacrosantas. La comunidad celta estaba regida por el mandato de los druidas y, por tanto, toda acción dentro de la misma, venida precedida o complementada por un componente religioso.

▲ Creencias: En general la ausencia de muerte y la prolongación de la vida en una eternidad perpetua más allá de la existencia.

## Plegaria universal de los druidas

Esta plegaria druida está considerada como universal dado que ofrece, con sus palabras, un testimonio que ha sido el vínculo entre todos los druidas.

«Concede, Dios-Diosa tu protección
y con la protección, Fortaleza
y con la fortaleza, Entendimiento
y con el entendimiento, Conocimiento
y, con el conocimiento, el Conocimiento de la Justicia
y con el conocimiento de la justicia, el Amor a ella
y con el amor a ella, el Amor a todo lo que existe

y con el amor a todo lo que existe, el Amor del Dios y la Diosa y de todo lo bueno.»

## *Cántico-oración del año nuevo*

Esta canción cargada de poder ritual era utilizada a la llegada del nuevo año y en ocasiones cada vez que una persona consideraba que empezaba a vivir una nueva etapa de su vida.

«Oh, año nuevo, te doy la bienvenida y te ofrezco mi hospitalidad para que camines junto a mí hasta que mueras.

»Oh sagrado muérdago, fruto del ciclo anual, de la vida y de la muerte, de la luz y de la oscuridad, te pido que me ayudes en mi nuevo año, te pido que ilumines mi camino y me protejas de las dudas y los males.»

## *Oración invocatoria de los seres de la naturaleza*

Esta oración forma parte de un proceso ritual en el que los druidas mediante plegarias solicitaban los favores de la madre naturaleza. Al mismo tiempo era una invocación usada para buscar la protección de los elementos. Recordemos que el fuego representa la acción; la tierra, el asentamiento de las ideas; el aire, la capacidad imaginativa y el agua, el don del pacto.

«Fuerzas invisibles del bosque, criaturas de los árboles, de las plantas y las flores; seres del viento, los aires y las brisas; criaturas del fuego, el sol y las llamas, seres de las aguas, los ríos y las fuentes, venid conmigo esta noche, venid y escuchad.

»Oh fuerzas de lo desconocido acudid a protegerme, guiarme y ayudarme. Ven amado fuego y calienta mi alma, acude hermana agua para que aprenda a cambiar mis estados, empújame aire sagrado para que reconozca la dirección de las cosas. Y tú madre tierra, deja que camine con fuerza por la existencia.»

## Oración de la mañana

Se trata de un antiguo cántico al sol, al nuevo día en el que al parecer los druidas daban gracias por la vida y por seguir existiendo. Algunas personas han visto esta oración como una forma de mantener la conciencia del nuevo día:

«Te saludo, nuevo día, como hombre libre que soy.

»Te saludo nuevo sol, deseándote que hayas tenido un buen despertar y el día sea propicio para ti.

»Te saludo madre tierra, por estar un día más bajo mis pies y permitirme pisarte con cariño.

»Os saludo hermanos árboles, porque vosotros me ayudáis en el camino de mi evolución.

»Te saludo espíritu de los bosques que proteges mi existencia y me das cobijo cuando lo necesito.

Te saludo existencia y vida por dejarme compartir junto a ti un momento de eternidad.»

## Oración del árbol

Ya hemos comentado la importancia que tuvieron los árboles para los druidas. Al parecer cada mago o sacerdote druida disponía de uno o varios árboles para momentos íntimos de reflexión y crecimiento personal. Dentro de los diferentes tipos de árboles con los que trabajaba un druida, debemos destacar el árbol íntimo, es decir, aquel con el que compartiría todos sus secretos.

Una de las oraciones o invocaciones más importantes es aquella en la que se le rinde respeto al Árbol Personal. Es una oración que busca la armonía con la naturaleza y, además, el apoyo de las entidades desconocidas para seguir un camino iniciático e interior siempre desconocido.

«Naciste de la tierra igual que yo. Creciste hacia el cielo como lo estoy haciendo yo, pero tú posees la sabiduría de la paz, la quietud y el sosiego, que para mí todavía son desconocidos.

»Te saludo árbol padre, hermano y amigo mío, con todo mi respeto y amistad. Te deseo que el sol, el agua, el aire y la tierra se fundan contigo para así tener una existencia como te mereces.

»¡Oh!, árbol padre, ayúdame y deja que sienta tu sabiduría. Permite que me llegue tu conocimiento. Deja que mi cuerpo roce el tuyo y que en este abrazo fraternal uno beba del otro.

»Amigo árbol, yo (nombre del oficiante) me comprometo a cuidarte, respetarte y ayudarte siempre que me sea posible. Esperando de ti ayuda en mi camino, paciencia en mis errores y comprensión ante mis dudas.»

# 7. Esenios

Los esenios fueron un grupo sectario y ascético judío, poseedores de la tradición cabalística. Vivían en zonas próximas al Mar Muerto y estaban organizados de acuerdo con una forma monástica.

Su existencia hay que ubicarla en el siglo II a. C., produciéndose su ocaso a raíz de las guerras judías que tuvieron lugar del año 66 al 70 d. C.

Sus escritos y oraciones están basados en los famosos *Manuscritos del Mar Muerto* que fueron hallados al explorar las cuevas de los distintos Wâdis del desierto de Judá. Estos manuscritos son los siguientes:

▲ *Los papiros de Wâdi Daliyeh* o *Papiros de Samaría*, del siglo IV a. C., descubiertos en 1962 en una cueva a unos 15 km al norte de Jericó.

▲ *Los manuscritos de Qumrán*, hallados en la cueva situada alrededor de KHibert Qumrán, y de los que se utilizarán las oraciones que aparecen en este capítulo.

▲ *Los manuscritos de Masada*, descubiertos en la fortaleza de Masada, con los famosos cánticos para el sacrificio sabático.

▲ *Los manuscritos de Murabba'at*, descubiertos en distintas cuevas de Wâdi Murabba'at.

▲ *Los manuscritos de Nahal Hever*, descubiertos en las cuevas de Nahal Hever (Cueva de las cartas y Cueva de los horrores).

▲ *Los manuscritos de Wâdi Seiyâl*, que fueron adquiridos en 1952 y procedían de saqueos en cuevas.

▲ *Los manuscritos de Nahal Mishmar* de las cuevas que llevan el mismo nombre.

▲ *Los manuscritos de Khirbet Mird* procedentes de las ruinas del antiguo monasterio de Castellion.

Algunos de estos manuscritos contienen fragmentos bíblicos de gran transcendencia. Los textos de Qumrán, de los que extraeremos algunas oraciones, se dividen en reglas, textos haláquicos, literatura de contenido escatológico, literatura exegética, literatura para-bíblica, textos poéticos, textos litúrgicos, textos astronómicos, calendarios y horóscopos, y el *Rollo de cobre*.

Algunos fragmentos de estos textos se encontraron destruidos y deteriorados, por lo que su contenido ha quedado incompleto, hecho que se señala en los textos con los signos [...], por lo que se han seleccionado los más completos para reproducir en este libro de oraciones.

## *Bendición al Dios de Israel*

Fragmento de una bendición al Dios de Israel que es también una maldición hacia aquellos que están en el mundo de las tinieblas y cometen pecados.

«Bendito sea el Dios de Israel
en todo su designio santo
y en las obras de su verdad,
y benditos todos los que sirven en justicia,
quienes le conocen en la fe.
Maldito sea Belial en su designio hostil,
sea execrado por su dominio impío.
Malditos sean todos los espíritus de su lote
en su designio impío,
sean execrados por sus obras de impureza inmunda.
Pues ellos son el lote de las tinieblas,
y el lote de Dios es para luz eterna.

»Tú eres el Dios de nuestros padres,
bendecimos tu nombre por siempre.
Nosotros somos el pueblo de tu heredad.
Estableciste una alianza con nuestros padres
y la confirmastes con sus descendientes
por los tiempos eternos.»

## Plegaria festiva

Esta plegaria para recitar en un día festivo aparece en el manuscrito 1(=1Q34 3 I), aunque aparece incompleta, está destinada a proteger a quién la realiza de sus enemigos.

«[...]Pero los justos para prosperar gracias a las nubes del cielo y a los productos de la tierra, para distinguir entre el justo y el impío. Tú harás de los impíos nuestro rescate, mientras que por los rectos llevarás a cabo la destrucción de todos nuestros adversarios. Y nosotros, nosotros celebraremos tu nombre por siempre jamás, pues para esto tú nos has creado. Y por esto te responderemos: Bendito [...]»

## Bendiciones Berakot

Esta bendición aparece en el manuscrito (11Q14), siendo uno de los textos más completos de esta índole.

«[...] y bendecirán en el nombre del Dios de Israel. Y tomarán la palabra y dirán: [...] Israel. Benditos sean en el nombre del Dios Altísimo [...] y bendito sea su Nombre santo por los siglos eternos. Y benditos [...] sean todos sus ángeles santos. Que os bendiga el Dios Altísimo, que os muestre su faz, y abra para vosotros su tesoro bueno que está en los cielos, para hacerlos descender sobre vuestras tierras: [...] lluvias de bendición, rocío y escarcha, lluvia tempranas y tardías a su tiempo, para daros los frutos, los productos del trigo, del vino y del aceite en abundancia. Y la tierra producirá para vosotros frutos excelentes. Y los comeréis y os saciaréis. En vuestra tierra no habrá enfermedad ni sequía. Y la palidez no se verá en tus cosechas, no habrá ni robo de niños ni tropiezos en vuestra congregación, y el mal desaparecerá de la tierra, la espada no pasará por vuestra tierra. Porque Dios está con vosotros y los ángeles santos se hallan en vuestra comunidad. Y su santo Nombre es invocado sobre vosotros.»

## La séptuple paz

La séptuple paz es una larga oración que Jesús predicó a sus discípulos subido en lo alto de una montaña. Se trata de un largo fragmento extraído del *Libro esenio* de Jesús, publicado en el *Evangelio de los esenios*. De este largo fragmento sólo transcribiremos algunas líneas.

«La paz os traigo, hijos míos,
La Séptuple Paz
De la Madre Terrenal
Y del Padre Celestial.
La paz os traigo al cuerpo,
Guiados por el Ángel del Poder;

La Paz os traigo al corazón
Guiados por el Ángel del Amor;
La Paz os traigo a la mente
Guiados por el Ángel de la Sabiduría,
Recorreréis los siete senderos
Del Huerto Infinito
Y vuestro cuerpo, corazón y mente
Serán en Unidad
En el Sagrado Vuelo hacia el
Mar Celestial de la Paz.
Si, ciertamente os digo,
Siete son los senderos
Que cruzan el Huerto Infinito,
Y cada uno deberá transitarse
Con el cuerpo, el corazón y la mente
Cual uno, no sea que tropecéis y os desploméis
en el abismo del vacío.
Como ave no podrá volar con un ala,
así vuestra Ave de la Sabiduría
Las alas de Poder y Amor necesitan
para remontarse sobre el abismo
hacia el Sagrado Árbol de la Vida.»

# 8. *Gnosticismo*

El gnosticismo es un movimiento filosófico-místico cuyos dirigentes fueron Simón el Mago, Bardasanes y Carpócrates entre otros. Este movimiento religioso se funda en una gnosis secreta sobre la formación del universo y sobre la naturaleza y el destino del hombre.

Para los gnósticos la naturaleza humana es un compuesto de alma inmortal y etérea y cuerpo mortal y materia. Los gnósticos se oponen al cristianismo negando la Encarnación, la muerte y resurrección de Jesucristo, así como el rechazo a la ética cristiana, y a los sacramentos.

Los principales textos gnósticos son los *manuscritos de Nag Hammadi*, hallados casualmente en 1945. Estos manuscritos constituyen el núcleo de unos de los fenómenos ideológicos que dominaron el pensamiento religioso y filosófico durante los siglos I al IV d. C. Entre estos textos está el *Evangelio de Tomás*, cuyo contenido es anterior o paralelo a los evangelios sinópticos. Como en los manuscritos del Mar Muerto, estos textos están incompletos, y aparecen fragmentos que se han perdido que en el texto se advierten con la siguiente puntuación: [...].

## *Himno del Salvador*

«Yo, empero, he venido de los lugares de lo alto por la voluntad de la gran Luz, me he evadido de este lazo, he quebrado la obra de los ladrones, la he enderezado para que diera abundantes frutos por mí, como gota que fue enviada por la Sabiduría, se perfecciona y no fuese más deficiente, sino que fuese liberada por mí, el gran Salvador, para que su gloria se manifieste, a fin de que Sabiduría sea alabada fuera de esta necesidad; que ciento ocho de sus hijos, pues, no sean de la deficiencia, sino que logren el honor y la gloria, ascienda hasta su Padre y conozcan las palabras de la Luz masculina. Vosotros, sin embargo, fuisteis enviados por el Hijo, enviado para que alcanzarais luz y salierais del olvido de las autoridades y para que no se manifieste, por lo tanto, a causa de vosotros, el frotamiento impuro, o sea, desde el fuego terrible que provienen de lo carnal en ellos. Pisotear su providencia.»

## Oración del apóstol Pablo

«[...] dame tu misericordia. Mi Salvador, sálvame, pues soy tuyo, el que ha procedido de ti. Tú eres mi Intelecto. ¡Engéndrame! Tú eres mi tesoro. ¡Ábreme! Tú eres mi plenitud. ¡Recíbeme! Tú eres mi reposo. ¡Dame la perfección indominable! ¡Te invoco, al que es y al que preexistió en el Nombre que es sobre todo nombre, por Jesús el Cristo, el Señor de los señores, el Rey de los eones, dame tus dones, de lo que no te arrepientes, por el Hijo del Hombre, el Espíritu, el Paráclito verdadero! ¡Dame poder cuando te pida; da curación a mi cuerpo, cuando te la pida por el Evangelista, y salva mi alma luminosa eterna y mi espíritu. Y al Primogénito del Pleroma dé gracia, y revélalo a mi intelecto! Concédeme lo que ningún ojo de ángel ha visto ni oído de arconte ha oído y lo que no ha entrado en el corazón humano, que fue de ángel y a la imagen del Dios psíquico, cuando fue plasmado en el comienzo, puesto que tengo la fe y la esperanza. Y coloca sobre mí tu Grandeza bienamada, elegida y bendita, el Primogénito, el Primer engendrado y el misterio maravilloso de tu morada. Porque tuyo es el poder y la gloria y el reconocimiento y la grandeza por los siglos de los siglos. Amén.»

## Himno-oración al Padre

Este himno-oración fue rezado por Jesús en el huerto de Getsemaní. Aparece en los *Hechos* como un testimonio gnóstico, dado que el momento en que Jesús prevé su arresto y reúne a los apóstoles a quienes les dice: «Cantemos un himno al

Padre y vayamos así a encontrarnos con lo que nos aguarda». Seguidamente todo se cogieron de la mano en círculo y Jesús se colocó en medio, indicó a los discípulos que contestasen «Amén» y empezó a entonar un cántico místico, parte del cual reza:

«Al Universo pertenece el bailarín. /Amén.
»Aquel que no baila no sabe lo que ocurre. / Amén.
»Ahora que seguís mi baile, veros a vosotros mismos en Mí, que estoy hablando...

»Vosotros que bailáis, considerad lo que hago, pues vuestra es esta pasión del Hombre que yo debo sufrir. Pues en modo alguno hubieseis podido entender vosotros lo que sufrís a menos que vosotros como Logos me hubiera enviado el Padre...
Aprended a sufrir y seréis capaces de no sufrir.»

Juan relata que «después de que el Señor bailara con nosotros, queridos míos, salió a sufrir. Y nosotros éramos como hombres asombrados o profundamente dormidos y huimos aquí y hacia allí».

# 9. Hinduismo

El hinduismo surgió en la India hacia el año 1750 a. C., no tiene un solo fundador, ya que los pueblos arios que invadieron la India trajeron sus primeros dioses, entre ellos Shiva que está considerado como uno de los más importantes. La mayoría de los hinduistas creen en muchos dioses, pero en una sola realidad subyacente y en que, cuando alguien muere, su alma se reencarna.

Entre los puntos claves del hinduismo está la creencia de

que las personas que llevan una buena vida volverán a nacer en una vida superior, y los malvados en una vida inferior. A través de la meditación y otras prácticas, los hinduistas aspiran a liberarse del ciclo de reencarnaciones para fundirse en uno con Brahmán, que es la realidad absoluta y divina.

Entre sus rituales principales está bañarse todos los años en el Ganges, su río sagrado, porque se cree que sus aguas lavan los pecados. En sus aguas también se esparcen las cenizas de muchas personas. Su ciudad de peregrinación es Benarés.

Sus libros sagrados son los *Vedas*, escritos hacia el 1400 a. C. Estos libros contienen las primeras creencias hinduistas a través de unos himnos y cánticos. Entre estos libros cabe destacar por su importancia el *Rig Veda*.

Existen diferentes tipos de hinduistas, los vaisnavitas, que representan el 70 %, los adoradores de Visnú que llegan a un 25 %, y un 5 % de otros grupos.

- ▲ Fiestas: Aniversario de Krishna y de Râma, Manifestación de la Gran diosa, Noche de homenaje a Shiva.

- ▲ Oraciones: Se recitan mantras cada día, en la habitación más pura de la casa, a menudo en la cocina, delante de una representación que simboliza la divinidad elegida.

- ▲ Ritos: Los jóvenes son iniciados por un maestro que les transmite un mantra y el «cordón de sacrificio». Las mujeres deben casarse castas, durante la boda se sacrifica un animal y se recitan textos védicos. En los funerales se quema el cadáver.

- ▲ Dioses y demonios: Las divinidades pueden ser a la vez benéficas y maléficas. Así, uno de los más venerados, Shiva, es a la vez dios de la muerte y dios de la fecundidad.
- ▲ Deberes: La noción de pureza e impureza implica respetar los deberes sociales y religiosos de la casta. Está prohibido el adulterio con la mujer del maestro, consumir carne de vaca, alcohol o robar oro.

- ▲ Creencias: El brahmanismo cree en la reencarnación, que se repite hasta que, por las buenas acciones, se rompe la cadena y se tiene acceso a un «paraíso», al nirvana que representa la abolición de toda conciencia.

- ▲ Divorcio: No existe tradicionalmente, pero actualmente se producen algunos casos, siempre y cuando la mujer no se pueda volver a casar y se ve privada de la revelación védica.

- ▲ Contracepción: Permitida y apoyada por el gobierno. El aborto también está permitido, especialmente para determinar el sexo de los hijos, ya que se prefieren varones.

- ▲ Homosexualidad: Está permitida.

- ▲ Suicidio: No rompe el ciclo de la reencarnación por lo que no se contempla. Sólo los santos pueden suicidarse mediante un ritual muy preciso, para no tener que reencarnarse más.

- ▲ Pena de muerte: Esta permitida en casos muy graves.

El hinduismo no tiene propiamente oraciones, sino que tendríamos que hablar de textos sagrados que deben leerse y cuya lectura lleva a estados místicos o de éxtasis. H. G. Gadamer destaca al respecto: «El que quiere comprender un texto tiene que estar en principio dispuesto a dejarse decir algo por él. Una conciencia formada hermenéuticamente tiene que mostrarse receptiva desde el principio para la alteridad del texto».

Los textos sagrados por excelencia del hinduismo son los *Upanishads* de los Vedantes, que son el fin y la esencia del Veda (palabra sánscrita que significa «conocimiento»), ya que forman parte de la Revelación. Así los textos revelados son escuchados por los sabios-videntes.

## Katha Upanishad

Los *Upanishads* son una invitación a la experiencia de la Realidad última, cosa que no es alcanzable sólo mediante la lectura, ni la erudición, razonamiento o reflexión. Así el «Katha Upanishad» nos dice sobre el secreto de este conocimiento:

«No puede ser revelado por quien no haya alcanzado a comprenderlo; y no puede alcanzarse con el pensamiento. El camino que conduce a él se halla con un maestro que lo haya percibido. Es algo superior a los más elevados pensamientos; en verdad está por encima de todo pensamiento. El conocimiento no se logra por el razonamiento; pero puede ser comunicado por un verdadero maestro.»

## *Kausitaki Upanishad*

El conocimiento de lo real ha de ser un conocimiento de la inmortalidad, de una realidad eterna; consiste en conocer no un objeto cualquiera perteneciente al mundo, sino precisamente al conocedor de todo lo conocido. Este fundamento védico se expresa así en la «Kausitaki Upanishad»:

«No es el habla lo que deberíamos querer conocer; deberíamos querer conocer al hablante. No es lo visto lo que deberíamos querer conocer; deberíamos conocer al vidente. No es el sonido lo que deberíamos querer conocer; deberíamos querer conocer al oyente. No es el pensamiento lo que deberíamos querer conocer; deberíamos querer conocer al pensador.»

## *Manusmriti*

El renunciar a los placeres y a los falsos valores de este mundo es una de las características del hinduismo.

«Que no desee la muerte, que no desee la vida, que espere su hora como un sirviente su salario.

Que soporte que se le hable con dureza, y que no insulte a nadie; que no se enemiste con nadie confiando que este cuerpo es imperecedero.

Que no vuelva la cólera al colérico, que bendiga cuando se le maldiga, que no mienta.

Regocijándose en el Ser, sentándose con ecuanimidad, absteniéndose de deleites sensuales, teniéndose a sí mismo por único amigo, que vague por la tierra buscando la Liberación.»

## Maitri Upanishad

Dicen los vedantes que el alma estalla en su estrato periférico, revelándonos así su profundidad, y cuando esta explosión se produce, nos parece que todo nuestro ser es arrastrado con ella. La «Maitri Upanishad» afirma que solamente el alma elemental. Esta idea queda recogida en el siguiente texto de este upanishad:

«Así como una masa de hierro sometida al fuego se resuelve en multiplicidad cuando es golpeada por los herreros, de la misma forma, en verdad, el alma elemental sometida al Espíritu interno se resuelve en multiplicidad cuando es golpeada por las cualidades sensibles... Cuando es golpeada por la masa de hierro, el fuego no es afectado; de la misma forma, tampoco el Espíritu sufre alteración; es el alma elemental la que es afectada debido a su conexión con la multiplicidad.»

## Taittiriya Upanishad

Para el vedante, el mundo es real y la noción de ilusión sólo existe con relación al Absoluto, pero esta realidad del mundo es siempre relativa como se puede apreciar en este texto:

«Del Espíritu divino surgió el éter.
Del éter, el viento.
Del viento, el fuego.
Del fuego, las aguas.
De las aguas, la tierra.
De la tierra, las plantas.
De las plantas, el alimento.
Del alimento, la semilla.
De la semilla, el hombre.»

## *Mândukya Upanishad*

Los textos védicos ponen especial interés en el análisis de los tres estados de conciencia, es decir, vigilia, sueño con sueños, y sueño profundo. La idea de estado de conciencia como «cuarta parte» es la que está expuesta en la «Mândukya Upanishad».

«Aquel cuyo lugar es la vigilia, conocedor de lo exterior... que disfruta de los objetos densos... es el primer estado.

»Aquél cuyo lugar es el sueño con sueños, conocedor del interior... que disfruta los objetos sutiles... es el segundo.

»Cuando uno duerme y no anhela ningún deseo ni está agitado por ningún sueño, ése es el sueño profundo. Aquél cuyo lugar es el sueño profundo, convertido en bloque global de conocimiento, gozando de la felicidad, para quien el pensamiento es la puerta... ése es el tercero.

»Aquél es el Señor de todo, omnisciente, regente interior, matriz de todo, origen y fin de todos los seres.»

## *Chandogya Upanishad*

En ocasiones los textos del *upanishad* se convierten en una especie de plegaria en la que el vedante pregunta al «señor» a cerca de temas como la meditación o la conciencia. Éste es el caso de la «Chandogya Upanishad» que forma parte del «Sâma-Veda», un veda destinado a ser cantado.

«Cuando un hombre medita en la facultad de dar valor a las cosas como símbolo de Brahman, llega a ser constante, firme y desprovisto de inquietud... Puede por su libre voluntad alcanzar todo lo que la voluntad alcanza.

–Señor, ¿hay algo superior a la facultad de dar valor a las cosas?

–Sí, existe algo superior a la facultad de dar valor a las cosas.

–Dímelo, Señor.

–La meditación-contemplación es, en verdad, superior. La tierra, en efecto, contempla lo que las regiones medias contemplan. En consecuencia, si alguien es grande aquí abajo es porque ha recibido el fruto de su contemplación. Y mientras el común de los hombres es pleitista, chismoso, difamador, los hombres superiores han recibido el fruto de su contemplación. Medita sobre la contemplación.»

Y en otro texto parecido al anterior tenemos también recogido este párrafo dedicado a la meditación:

«Nârada dijo: Señor, ¿hay algo superior a la meditación?

–Sí, hay algo superior a la meditación.

–Dímelo, señor.

–El conocimiento es superior a la meditación. Esta facultad nos permite conocer el «Rig-Veda», el «Yajur-Veda», el «Sâma-Veda» y, en cuarto lugar, el «Atharva-Veda»; en quinto lugar, las epopeyas y las antiguas narraciones, la gramática... Y además el cielo, la tierra, el viento, el éter, el agua, el fuego, los dioses, los hombres, los animales y los árboles... Y también lo justo y lo injusto, lo verdadero y lo falso, lo bueno y lo malo, el alimento y el sabor, este mundo y el de más allá. Medita sobre el conocimiento.

»La fuerza para poner en práctica lo que ha sido conocido es, en verdad, superior al conocimiento. Por la fuerza, la tierra es firme, por la fuerza las regiones medias, por la fuerza el cielo, las montañas, los dioses y los hombres, por la fuerza el ganado y los pájaros, las hierbas, los árboles y los animales. Medita sobre la fuerza.»

## *Oración de Gandhi*

Finalmente no quisiéramos terminar esta parte del hinduismo sin recoger una verdadera oración, por lo menos como lo entendemos los occidentales, aunque la visión hinduista sea distinta. Así que reproducimos esta plegaria de Gandhi que practicaba cada mañana y cada tarde como una oración, siendo ésta una de sus oraciones predilectas elaborada por él y que pone de manifiesto el espíritu de la filosofía hinduista.

Este texto es, sin duda, lo más cercano y aproximado a lo que nosotros entendemos como oración. La corta oración de Gandhi era la siguiente:

> «Dios mío, guíame de la falsedad a
> la verdad.
>
> Guíame de la oscuridad a la luz.
> Guíame de la muerte a la inmortalidad.»

# 10. Islam

El Islam nació hacia el año 622 d. C. (año 1 de la Hégira) en La Meca, Arabia Saudí. Su principal profeta es Mahoma que vio la luz en La Meca hacia el 570 d. C. y fue el último y más importante de los veintiséis profetas islámicos. Para la fe islámica, Mahoma es el enviado de Alá.

La fe islámica se basa en la creencia de un Dios, Alá, al que los musulmanes prometen obedecer. El Islam es la fe elegida por Alá para la raza humana, y Mahoma es su enviado profeta. Los musulmanes suelen orar en grupo arrodillándose de cara a La Meca sobre un suelo limpio o una alfombra.

Los musulmanes deben obedecer cinco reglas:

1. Alá es el único Dios, y Mahoma su profeta.
2. Orar cinco veces al día.
3. Hacer caridad.
4. Ayuno durante el mes del Ramadán.
5. Hacer en la vida al menos una peregrinación a La Meca donde se encuentra la Kaaba, santuario que se cree que construyeron Abraham e Ismael hace unos cuatro mil años.

El libro sagrado del Islam es el Corán, donde Alá le revela a Mahoma como deben vivir los hombres. Este libro contiene las palabras divinas reveladas a Mahoma por el arcángel Gabriel. Traducido al latín en 1143, en el convento francés de Cluny, fue impreso por primera vez en 1485 por Alejandro di Paganini. El Corán está compuesto por ciento catorce suras (capítulos), ochenta y seis revelados en La Meca y veintiocho en Medina. Cada versículo se conoce como una aleya.

Existen varios tipos de musulmanes, los suníes (de tradición sunna ) 83 %, los chiítas (de *shi'a*, contestación, partido) 16 %, y un 1 % de otras comunidades.

El año 622, en que Mahoma fue a Medina, es el comienzo de la era musulmana, llamada Hégira. En el año 632, tras la muerte de Mahoma, se produce una escisión: los chiitas que sólo reconocen los descendientes del profeta (Alí esposo de Fátima e hija del profeta) y los sunnitas que eligen un jefe carismático. A partir del 660 los Omeyas establecen la capital en Damasco. En el año 750 se desplaza la capital a Bagdad. En 1979 se proclama en Irán la República islámica.

- ▲ Fiestas: Fiesta del sacrificio, fiesta para cdelebrar el fin del ayuno que se impone durante el mes del Ramadán.
- ▲ Oración: Obligatoria cinco veces al día.
- ▲ Ritos: Circuncisión. Matrimonio negociado entre familias.
- ▲ Dios y demonios: Alá como Dios, y los profetas: Noé, Abraham, Moisés, Jesús, etc. Existe como demonio Satán.
- ▲ Deberes: Respetar las cinco reglas, practicar el Ramadán y peregrinar a La Meca. Prohibido comer carne de cerdo, beber alcohol y tener relaciones sexuales fuera del matrimonio.
- ▲ Creencias: Un paraíso tras la muerte, y el infierno para los no creyentes y pecadores.
- ▲ Divorcio: Autorizado por el Corán.
- ▲ Contracepción: No hay obstáculo en los métodos. El aborto está condenado salvo que sea un riesgo para la madre.
- ▲ Homosexualidad: Está considerada como pecado grave y castigado con la muerte.
- ▲ Suicidio: El suicido como la eutanasia están condenados.
- ▲ Pena de muerte: Autorizada por el Corán como un mal necesario para preservar la sociedad.

Las oraciones islámicas están recogidas en el Corán. A continuación vamos a realizar un recorrido por algunas de estas oraciones que hemos dividido en un dodecálogo que contiene, para tener una visión general, los siguientes apartados: las creencias, los mandamientos religiosos, las órdenes y las veda éticas; la amonestación y la albricia; la disputa y la impugnación; las anécdotas, la legislación social, la legislación política, la legislación penal, la legislación civil, la legislación de guerra y, finalmente, las exhortaciones y la espiritualidad. (Cada una llevará el número de sura a la que pertenece.)

## Las creencias

Las creencias están evidenciadas en las aleyas que ordenan la creencia en un solo Dios, en sus ángeles, en sus libros y en el día del juicio final.

«El Apóstol cree en lo que fue revelado por su Señor, y todos los fieles creen en Dios, en sus ángeles, en sus libros y en sus apóstoles. Nosotros no hacemos distingos entre ninguno de sus apóstoles, y dicen: ¡Escuchamos y obedecemos! ¡Sólo anhelamos tu indulgencia! ¡Oh, Señor, nuestro! ¡Y a ti será el retorno!» (II, 285)

## Los mandamientos religiosos

Los mandamientos religiosos están detallados en las aleyas que preceptúan la oración, el ayuno, la peregrinación, etc.

«[...]La peregrinación, a esta Casa, es un deber para con Dios de todos los seres humanos que estén en condiciones de emprenderla, mas quién se niegue a ello, sepa que Dios prescinde de todas sus criaturas» (III, 97).

## *Las órdenes y las veda éticas*

Las órdenes y las veda éticas están explicadas en las aleyas y recomiendan el bien y prohiben lo ilícito.

«Por cierto que, Dios preceptúa la justicia, la caridad y la liberalidad para con los parientes, y veda la obscenidad, lo ilícito y la iniquidad. Él os exhorta a fin de que reflexionéis» (XVI, 90).

## *La amonestación y la albricia*

La amonestación y la albricia están en las aleyas en las que fue mencionado lo que Dios destinó a los incrédulos y a los creyentes.

«A quien practique el bien, sea hombre o mujer, y es creyente, le concederemos una vida placentera, y le remuneraremos con un galardón superior a lo que haya hecho» (XVI, 97).

## La disputa y la impugnación

La disputa y la impugnación están en las aleyas en las que los detractores presentaron patrañas.

«Y si dudáis de lo que hemos revelado a nuestro Siervo, componed un sura semejante a éste, e implorad para ello a vuestros ídolos en vez de a Dios, si sois sinceros. Pero si no la hacéis y ciertamente no podréis hacerlo: temed, pues, el fuego infernal, cuyo pasto son los idólatras y los ídolos, fuego que está destinado para los incrédulos» (II, 23-24).

## Las anécdotas

Las anécdotas como la que se mencionó en la historia de los profetas, los apóstoles, el Bicornio y de la Caverna.

«Agraciamos a David por nuestra merced y dijimos: "¡Oh montañas! ¡Oh pájaros! ¡Repetir con él las alabanzas de Dios!" Y le hicimos maleable el hierro; y le dijimos: "Haz con él cotas de mallas y ajusta las mallas y practica el bien, ¡Oh, familia de David!; porque soy veedor de cuanto hacéis"» (XXXIV, 10-11).

## La legislación social

La legislación social está en las aleyas que dictan el azaque y su distribución a los merecedores.

«Las limosnas son tan sólo para los pobres, los menesterosos, los recaudadores, los pusilánimes; para la redención de esclavos, los insolventes; para la causa de Dios y para el viandante; ello es un precepto dimanado de Dios; porque, Dios es sapientísimo, prudente» (IX, 60)

## La legislación política

La legislación política está en las aleyas que imponen la obediencia a las autoridades, el cumplimiento de los compromisos y las alianzas.

«¡Oh, creyentes! Obedeced a Dios, obedeced al Apóstol y a las autoridades entre vosotros. Si disputaseis por cualquier causa, acudid a Dios y al Apóstol, si creéis en Dios y en el día del juicio final: porque ello os será preferible y de mejor consecuencia» (IV, 59).

## La legislación penal

La legislación penal se presenta en las aleyas dilucidadoras de los límites del talión.

«En ella les hemos prescrito: vida por vida, ojo por ojo, nariz por nariz, oreja por oreja, diente por diente, y las heridas tal por cual...» (V, 45).

## La legislación civil

La legislación civil se encuentra claramente establecida en las aleyas sobre la usura y la herencia.

«Y cuanto prestéis con usura, para acrecentarlo a expensas de haciendas ajenas no medrará ante Dios; en cambio cuanto deis en caridad anhelando el rostro de Dios; a éstos les será decuplicada la recompensa» (XXX, 39).

## La legislación de guerra

La legislación de guerra está en las aleyas que permiten el combate, establecen la paz, indican el trato a los cautivos y la distribución del botín.

«Y si sospechases traición de parte de un pueblo con el cual has pactado, devuélvele su pacto de igual modo; porque, Dios no estima a los traidores. Y no pienses que los incrédulos puedan zafarse; porque, jamás podrán desafiarnos. Aprestáos de cuanto dispongáis, de armas y caballerías, para intimidar, con ello, al enemigo de Dios y el vuestro, y también a otros que no conocéis; pero, pero que Dios bien conoce. Todo cuanto invirtáis en la causa de Dios os será satisfecho con creces y no seréis defraudados. Pero, si ellos se inclinan a la paz, inclínate tú también a ella, y encomiéndate a Dios; porque es omnioyente, sapientísimo» (VIII, 58-61).

## *Las exhortaciones y las espiritualidades*

Las exhortaciones y las espiritualidades son las que se hallan en las aleyas que comprende los ejemplos y las máximas.

«¿No reparas en cómo Dios ejemplifica? Una buena palabra es como un árbol noble cuya raíz está profundamente firme, y cuyas ramas se elevan hacia el cielo. Fructifica en toda estación, con el beneplácito de su Señor. Dios ejemplifica a los humanos para que recuerden. En cambio, compara una palabra vil con un árbol innoble que ha sido extirpado de la tierra y carece de estabilidad» (XIV, 24-26).

## *Sura de Alfatiha o de la apertura*

Para finalizar presentamos los dos principales suras que inician el Corán y que se repiten en toda lectura como inicio de oración.

> «En el nombre de Dios, graciabilísimo, misericordioso.
> Alabado sea Dios, creador del universo,
> Graciabilísimo, misericordiosísimo;
> ¡Soberano en el día del juicio!
> Sólo a ti adoramos y de ti imploramos ayuda
> Indicanos el sendero recto;
> El sendero de quienes agraciaste, no el de los execrados ni el de los extraviados.»

## *Sura de albaqara o de la vaca*

«En el nombre de Dios graciabilísimo, miseriocordioso.
Alif, Lam, Mim.

He aquí el Libro indubitable que es la guía de los timoratos.

Que creen en el más allá, observan la oración y hacen caridad con algo de cuanto le agraciamos.»

# 11. Judaismo

El judaísmo surgió hacia el año 2000 a. C. en Canaán, la Tierra Prometida, hoy en día la mayor parte de Israel. El primer líder hebreo fue Abraham que nació en Ur (actual Irak) hacia el año 2000 a. C., y por orden de Dios emigró a Canaán.

Los seguidores del judaísmo reciben el nombre de judíos, creen en un único Dios, que reveló su ley a su pueblo, y no creen que Jesús fuese hijo de ese Dios, ya que para ellos su hijo está por venir.

Para los judíos Dios creó el mundo y toda su historia. El pueblo judío desciende del pueblo hebreo, y son un pueblo elegido por Dios, «una luz para todas las naciones». Entre las principales reglas y rituales que tienen los judíos esta la circuncisión que debe practicarse a los niños, a los ocho días de nacer. El *sabbat* (sábado) es un día sagrado y de reposo. Tienen prohibido comer cerdo y marisco. Finalmente, un niño judío se convierte en Bar-Mitzvah, adulto, a los trece años.

El *Tenakh* es el nombre de la Biblia judía, en la que se cuenta la historia del pueblo judío. Su parte más importante es la Tora o Torah, los primeros cinco libros de la Biblia, en los que están incluidas las leyes y los Diez Mandamientos que Dios reveló a Moisés.

Existen tres tipos de judíos, los askenazíes que representan un 85 %, los sefardíes que representan un 5 % y un 10 % de judíos orientales.

Los judíos practican el *kaddis*, que es la oración en la sinagoga, su lugar de culto, con la presencia de un rabino o maestro. También disponen del *tefillin*, que es una caja de oraciones con palabras de la Torah que se lleva atada a la frente o al brazo.

▲ Fiestas: Januká, Fiesta de las luces; Pascua judía; Yom Kipur, Día del Perdón.

▲ Oraciones: Se realizan tres oficios al día. Rezan en pie, y algunas oraciones deben ser dichas por un mínimo de diez hombres.

▲ Ritos: A los ocho días de nacer se practica la circuncisión a los niños. Rito del Bar Mitzvah (paso a la edad adulta). Tras el fallecimiento de un familiar se practican siete días de duelo y las oraciones se realizan en el cementerio.

▲ Dioses y demonios: Un solo Dios creador del mundo. Los ángeles están engendrados por Dios, y entre ellos está comprendido Satán.

▲ Deberes: La Torah comprende seiscientos trece mandamientos. Los hombres deben separarse de las mujeres cuando estas tienen el período menstrual. Los alimentos deben ser santificados.

▲ Creencias: Se reconoce la inmortalidad del alma, pero no se habla del infierno ni del paraíso. Las almas esperarán hasta la creación de un mundo futuro (*olam aba*).

▲ Divorcio: Está autorizado sin ninguna restricción.

▲ Contracepción: Prohibido el uso del preservativo. La contracepción femenina está sólo autorizada en casos muy especiales. El aborto está autorizado, pero cada caso debe estudiarse.

▲ Homosexualidad: La masculina esta prohibida. De la femenina no se habla.

▲ Suicidio: Condenado, aunque la tradición judía lo exalta en casos extremos y colectivos.

▲ Pena de muerte: Está prevista en la Torah, pero tan restrictivamente que en la práctica no puede aplicarse.

## *Shema Israel (¡Escucha Isarael!)*

Ésta es la plegaria fundamental de la religión judía, formando parte de todos los oficios, recitándose en numerosas ocasiones. Empieza por la proclamación de fe:

«Shemá Israel Adonai Eloheinu, Adonai Ejad... ¡Escucha, oh Israel: el Señor es nuestro Dios, el Señor es único! Ama al Señor tu Dios, con todo tu corazón, con toda tu alma y con todas tus fuerzas. Graba sobre tu corazón las palabras que yo te dicto hoy. Incúlcaselas a tus hijos y repíteselas cuando estés en casa, lo mismo que cuando estés de viaje, acostado o levantado. Átatelas a las manos para que te sirvan de señal, póntelas en la frente entre los ojos. Escríbelas en los postes de tu casa y en tus puertas.»

En el párrafo de «Átatelas a las manos para que te sirvan de señal, póntelas en la frente entre los ojos» (Deuteronomio VI, 8). Se está refiriendo a las filactelias o tefillin.

Los tefillin también son llamados *ot*, palabra que significa señal. Son uno de los tres símbolos del apego de Israel a su Dios y forman parte de sus obligaciones. Al hacer su oración por la mañana, el judío piadoso tiene que llevarlos cada día, excepto el Shabat y los días de fiestas, en los que el respeto es en sí una señal o signo de alianza (ot berit).

Con respecto a la plegaria de Shemá Israel, la misma incluye una segunda parte que evoca las recompensas reservadas a los justos y los castigos que se abaten sobre los pecadores (Deuteronomio XI), así como una tercera parte (Números XV) que nos recuerda la salida de Egipto.

El Deuteronomio o Devarim es el quinto y último libro de

la Torah y contiene las últimas exhortaciones que Moisés, a punto de morir, hizo a su pueblo, fundidas en las diez palabras que entregó Dios a Moisés escritas en dos tablas de piedra, en el monte Horeb y que resumen los deberes del hombre hacia Dios y su prójimo. Las mismas, han sido adoptadas por el cristianismo y el Islam, constituyendo uno de los legados del judaísmo a la humanidad.

A continuación pasamos a ilustrar los principales pasajes, sacados del Éxodo:

I Yo soy el Señor tu Dios, el que te sacó de Egipto, de la casa de la esclavitud (Exodo XX, 2).
II No tendrás otro Dios fuera de mí (XX, 3).
III No tomarás el nombre de tu Señor en vano (XX, 7).
IV Acuérdate del día del Shabat para santificarlo (XX, 8).
V Honra a tu padre y a tu madre para que tus días se alarguen sobre la tierra que el Señor, tu Dios, te da (XX, 12).
VI No matarás (XX, 13).
VII No cometerás adulterio (XX, 14).
VIII No robarás (XX, 15).
IX No darás falso testimonio contra tu prójimo (XX, 16).
X No desearás la casa de tu prójimo, ni su mujer, ni su sierva, ni su buey, ni su asno, ni casa alguna que a él le pertenezca (XX, 17).

La Torah o enseñanza escrita fue fijada por Moisés y tal y como ya comentábamos anteriormente, está compuesta por los cinco libros del Pentateuco, escritos a mano sobre hojas de pergamino, reunidos en un rollo mediante tripas de carnero. Este rollo está sostenido por dos cilindros de madera (árboles de la vida) y envueltos en un manto generalmente hecho de tela preciosa bordada en oro o plata.

El Sefer Torah impone respeto y es de precepto obligado levantarse cuando se saca del arca santa de las sinagogas, demostrándole deferencia en el acto de besar el manto que lo reviste.

Según las tradiciones observadas hasta hoy, el Sefer Torah debe ser escrito por un escriba muy cualificado, con una pluma de oca, en un pergamino especialmente curtido para este menester, proveniente de un animal puro.

La Torah es el fundamento y la fuente esencial del judaísmo. A continuación, reproducimos unos fragmentos de Pirkéi Avot (capítulos de los padres):

«El mundo reposa sobre tres bases: la Torah, la adoración de Dios y los actos de beneficencia. Que vuestra casa sea un lugar de reunión para sabios expertos en el conocimiento de la Torah. Sentaos en el polvo de sus pies y bebed ardientemente sus palabras.

Cuando diez hombres estén reunidos y se ocupen de la Torah, la Shjiná (Espíritu Santo) está entre ellos como está escrito: Dios se levanta en la asamblea divina.» (Salmos LXXX, 1.)

Pero a menudo, la Torah se nos presenta como demasiado abstracta y lacónica para que se puedan interpretar claramente definidos los principios de vida que nos muestra. Debemos tener presente que la Torah fue acompañada de otra enseñanza tan antigua como la propia Torah que la comenta y completa, nos estamos refiriendo a la tradición oral, transmitida de generación en generación.

El Talmud, es la transcripción y la interpretación de la ley oral de Israel, que completa, al precisarlas, las enseñanzas de la escrita. El Talmut comprende dos partes: la mishná y la guemará.

El objeto de la mishná es precisar la manera en que conviene vivir la Torah en los distintos ámbitos de la existencia. Ciento treinta maestros llamados tanaim, enumerados por Maimónides, participaron en la construcción de este código que recopila un conjunto de reglas de conducta que abrazan todo el conjunto de la legislación civil y religiosa que permiten acceder a la perfección.

La guemará puede ser definida como el cumplimiento de la mishná, que interpreta y explicita.

Maimónides, nombre bajo el cual se conoce a Rabí Moisés ben Maimón (1135-1204), también llamado Rambam, fue a la vez rabino, talmudista, médico, filósofo, una de más grandes figuras del judaísmo y, uno de los mayores pensadores de todos los tiempos.

Moisés Maimónides es el autor de los «Trece artículos de fe» que resumen lo esencial de las creencias judías, y que son las siguientes:

1. Creo con una fe ciega que Dios es el Creador y el Soberano de todas las criaturas, que ha hecho, hace y hará El solo todas las cosas.
2. Creo con una fe ciega que Dios es Uno y que su singularidad no tiene igual; que El solo es y será nuestro Dios.
3. Creo con una fe ciega que Dios no es un Ser corporal y que los sentidos no pueden concebirlo. No hay nada con que se pueda comparar.
4. Creo con una fe ciega que Dios es el primero y el último.

5. Creo con una fe ciega que sólo a Dios tenemos que elevar nuestras oraciones y no a otro ser que no sea Él.
6. Creo con una fe ciega que todas las palabras de los profetas son verdaderas.
7. Creo con una fe ciega que la profecía de nuestro maestro Moisés era verdadera y que fue el padre de los profetas anteriores y posteriores a él.
8. Creo con una fe ciega que la Torah que ahora tenemos es la misma que le había sido transmitida a nuestro maestro Moisés.
9. Creo con una fe ciega que la Torah no será modificada y que no será sustituida por otra Torah de Dios.
10. Creo con una fe ciega que Dios conoce todas las actuaciones de los hombres y que penetra en sus pensamientos:

«... Que creó todos los corazones y que penetra en todas las acciones.»

## Oración-exaltación de Maimónides

Maimónides, en la carta dedicatoria de su *Guía de Perplejos*, hace una exaltación a Yhwh, Dios del universo, basada en cuatro salmos, para recibir la «luz» y saber seguir el camino del Señor. Maimónides empieza con una glosa que advierte:

«Mi pensamiento os guiará por la ruta de la verdad, allanando el camino. Vosotros todos los que andáis errantes por el campo de la doctrina religiosa, venid y seguid por su sendero. El impuro y el insensato no lo transitarán; se le llamará por la vía santa.»

La oración-exaltación, basada en Salmos y Proverbios es la siguiente:

«Dame a conocer el camino por dónde ir, porque a Ti alzo mi alma.» (Sal 143.)

«A vosotros, mortales, clamo, y me dirijo a los hijos de los hombres.» (Pr 8.)

«Inclina tu oído y escucha las palabras del sabio, y aplica tu corazón para entenderlas.» (Pr 22.)

## *Maimónides y los atributos*

Este fragmento extraído de la *Guía de perplejos* es una importante reflexión de Maimónides que merece ser incluida como oración y, que en más de una ocasión debe releerse para tenerla en cuenta.

«Quienes creen que están presentes en Dios los atributos esenciales de existencia, vida, poder, sabiduría y voluntad, han de saber que tales atributos no tienen el mismo sentido hablando de Dios que de nosotros, y que la diferencia no consiste sólo en magnitud, o en grado de perfección, estabilidad o permanencia. No hay nada en común en ningún sentido entre los atributos que se refieren a Dios y lo que se refieren a nosotros, ni hay entre ellos otra afinidad que la de las palabras.»

## *Sefer ha Zohar*

Este fragmento del Sefer ha Zohar, es una oració-reflexión, pero al mismo tiempo es una meditación profunda, ya que el orador debe concentrarse sobre la llama de la vela para apreciar los detalles que se explican y sentir esa relación entre la llama negra y la llama luminosa ligadas profundamente. Indudablemente el texto judío tiene una gran profundidad esotérica.

«Quien desee penetrar en el misterio de la Santa Unidad debe contemplar la llama que sale de un carbón o de una vela encendidos. La llama sólo puede salir de un cuerpo concreto. Además, en la llama misma hay dos luces: una blanca o luminosa y otra negra o azul. La luz blanca es la más elevada, la negra está debajo de la otra que descansa sobre ella. Ambas están inseparablemente ligadas. La luz negra base está, a su vez, ligada a algo que la mantiene en la llama y la impele a la luz blanca. Esa luz negra es un vínculo de conexión entre la luz blanca de arriba a la que está ligada, y el cuerpo concreto a la que está ligada abajo y la mantiene iluminado.»

## *Algunas máximas del Talmud*

La lectura del Talmud ya es por sí misma una forma de orar, en el judaísmo la lectura de el Talmud es un conjunto de lecciones con comentarios, discusiones y enseñanzas de los amoraim sobre la Misna. Es, en todo caso, la transmisión de la ley oral, Misna.

«El tonto no sabe abstenerse del pecado.
Quien es inculto no es piadoso.
Quien es tímido no aprende.
Quien es violento no enseña.
Quien comercia no es sabio.»

«Pueden estar cerradas en el cielo las puertas para la súplica; pero para el llanto sincero nunca están cerradas.»

«Cada palabra de Dios crea un ángel, que cuando desciende a la tierra son rayos y viento, pero ante el trono celeste son todo fuego.»

## *Oración de Ibn Gabirol*

Esta oración cargada de poética y de gran belleza recuerda a los poetas sufíes y nos transporta a una exaltación amorosa hacia Dios.

«Te busco en todas mis auroras y crepúsculos,
extiendo hacia ti mis manos y mi faz.
Hacia ti clamo con el corazón sediento,
como el mendigo que pide junto a mi puerta y
mi umbral.
Las alturas no pueden servirte de morada,
Tú resides dentro de mí.
Yo, en verdad, escondo en mi corazón tu glorioso nombre,
mientras mi amor por Ti rebosa hasta traspasar mi boca.
Por eso ensalzaré yo el nombre del Señor,
mientras el aliento de Dios esté en mí vivo.»

# 12. Lamaísmo

El lamaísmo es una rama del budismo que se desarrolló en el Tíbet durante el siglo VII basándose fundamentalmente en el carácter de los lamas, y uniendo aspectos tántricos con métodos esotéricos.

A partir del siglo XVII aparecieron dos rituales distintos: el camino de la derecha y el camino de la izquierda, que obedecen a dos jefes espirituales diferentes, el Dalai Lama y el Tashi Lama. Bajo estos jefes espirituales la jerarquía tántrica admitía ciento ochenta encarnaciones de las potencias divinas.

El camino de la derecha se prepara para la llegada de dios

en el futuro, y el de la izquierda sólo espera el Alma Universal y la reunificación de las energías cósmicas.

## *Oración de un monje lama destinada a guiar almas*

Oración lama que se reza en postura de meditación, con diversas velas encendidas y con tres palos de incienso preparados para encender.

La oración está destinada a guiar un alma afligida, un alma en duda y un alma atormentada.

«Oye las voces de nuestras Almas. Éste es el Mundo de la Ilusión. La Vida sobre la Tierra no es sino un sueño que, en el momento de la Vida Eterna, no es sino el guiño de un ojo.

»Escuchad las voces de nuestras Almas, todos vosotros que estáis deprimidos. Esta vida de Sombras y Pena terminará, y la Gloria de la Vida Eterna brillará para los justos. (Se enciende el primer palo de incienso para que se pueda guiar un alma afligida).

»Oye las voces de nuestras Almas. Éste es el Mundo de la Ilusión. La Vida sobre la Tierra es la Prueba de que siempre en lo alto podemos purificarnos de nuestras miserias y ambiciones siempre en aumento.

»Oye las voces de nuestras Almas, tú que dudas. Pronto pasará el recuerdo de la vida Terrestre, y habrá paz y alivio para el Sufrimiento. (Se enciende el segundo palo de incienso para que se pueda guiar un alma en duda).

»Oye las voces de nuestras Almas. Éste es el Mundo de la Ilusión. Como el Hombre muere en la Gran Realidad pensando que podría haber nacido en la Tierra para que pueda nacer nuevamente en la Gran Realidad.

»No existe Muerte, sino Nacimiento. Los tormentos de la Muerte son los tormentos del Nacimiento.»

(Se enciende el tercer palo de Incienso para que se pueda guiar a un Alma Atormentada).

## Oración fúnebre para el que va a morir

Esta oración está extraída del *Bardo Thödol* (el Libro tibetano de los muertos) y debe efectuarse cuando la respiración del moribundo está a punto de cesar, con el fin de ayudarle a encontrar el camino de la liberación. La oración se repite en el oído del agonizante, antes de que la respiración cese.

«Oh, noble hijo... (nombre de la persona)..., ha llegado tu momento de buscar el Camino. Tu aliento va a cesar. La Luz Primordial que tu Maestro te reveló vas a conocerla ahora en el Estado de Transición. Ésta es la Realidad, abierta y vacía como el espacio, vacío luminoso, puro y desnudo. Conciencia sin centro ni circunferencia. Reconócela, y permanece en ese estado. Yo también voy a ayudarte en estos momentos.»

## Oración para aquel que ya ha muerto

Este fragmento, extraído también del *Bardo Thödol,* debe recitarse cuando el sujeto ha dejado de respirar, es decir, justo después de su fallecimiento, con el fin de ayudarlo a encontrar el Camino.

«Ahora viene el momento en que la tierra se disuelve en el agua, el agua en el fuego, el fuego en el aire, y el aire en la conciencia.

»Oh, noble hijo, lo que se llama muerte ha llegado para ti. Ahora debe tomar la siguiente resolución: Me ha llegado el momento de la muerte; frente a ella voy a adoptar únicamente la actitud de la mente en estado de iluminación, amor y compasión, y obtener así la perfecta iluminación para el provecho de todos los seres animados que habitan en espacios sin límite.

»En esta actitud, reconoceré la luminosidad de la muerte como la Gran Luz Primordial, alcanzando en este estado la suprema realización del Gran Símbolo para el bien de todos los seres sensibles.

»Pero si no puedo realizarla, reconoceré este Bardo y fundiéndome en la forma del Gran Símbolo, cualquiera sea su apariencia, actuaré en beneficio de todos los seres sensibles tan infinitos en número como el cielo ilimitado.»

# 13. Culturas precolombinas

El día 12 de octubre de 1942, la historia de un continente comenzaba a cambiar. Los conquistadores españoles, con la cruz en una mano y la espada en la otra, poniendo el pie en lo que ellos creían que eran las Indias, llegaban a América. Un mundo aparentemente nuevo, del que podríamos haber aprendido mucho si aquellos aventureros se hubieran molestado en dejarse seducir por algo más que un poco de oro y nuevas especies.

Aquel mal llamado Nuevo mundo se había construido paso a paso, poco a poco. Desde que hace ya más de quince mil años, algunos hombres de los pueblos siberianos llegaron a lo que hoy denominamos Alaska a través del estrecho de Bering. Cuando pisaron por primera vez lo que hoy llamamos continente americano, llegaron con sus mitos y leyendas, con sus tradiciones que, poco a poco, en función de nuevas especies animales, parajes y acciones, irían cambiando.

Tuvo que pasar mucho tiempo hasta que el hombre recorriese todo el continente, pero cuando llegaron a él los españoles (si bien se sigue dudando que fueran realmente los primeros), allí ya había una mitología propia, una historia para su mundo totalmente autóctona, configurada por mitos, dioses, poderes sobrenaturales y un gran número de creencias.

En lo que popularmente denominamos la América precolombina hubo diferentes culturas, algunas de las cuales pasaron sin pena ni gloria, pero otras como la maya, azteca o inca, (que abordaremos seguidamente) dejaron una huella, una sabiduría y, por tanto, un culto digno de permanecer. Los datos religiosos son confusos y muchos se han perdido para siempre; pese a todo destacaremos los principales ritos acompañados de sus correspondientes invocaciones u oraciones.

## *Los aztecas y sus dioses*

En el año 1519 los españoles descubrieron el gran Imperio Azteca. Una sociedad altamente organizada, cuyos conocimientos y habilidades artísticas impresionaron a los expedicionarios.

La más importante de las viejas civilizaciones fue la de los olmecas (alrededor del 800 al 400 a. C.), pero la que influyó más directamente en los aztecas fue la gran civilización de la Edad Clásica, que tuvo su centro en Teotihuacán.

Teotihuacán fue una impresionante ciudad donde, todavía hoy, se alzan sus templos dedicados al Sol y a la Luna. No se han encontrado fortificaciones de carácter militar, por lo que se deduce que, allí se vivieron tiempos pacíficos. Algunos de los dioses adorados por las gentes de Teotihuacán fueron conocidos y compartidos por los aztecas. Un ejemplo de ellos es la serpiente emplumada conocida como Quetzalcóatl, así como los dioses del Sol y de la Lluvia, pero no quedan restos de culto a los dioses guerreros, ni la realización de sacrificios humanos, rito que luego constituiría la cara más conocida de la religión de los aztecas. Alrededor del año 600 d. C. el poder de Teotihuacán comenzó a decrecer.

La segunda civilización que ejerció una gran influencia sobre los aztecas fue la de los Toltecas, cuya capital se encontraba en Tula, ciudad que aún conserva este nombre. Su influencia se extendió más allá del valle de México, para impregnar también las culturas de los mixtecas y de los zapotecas.

Los toltecas eran muy diestros en la construcción, conocían perfectamente el uso y el trabajo con los metales, así como la alfarería y el tejido. Este pueblo era una raza guerrera e inflexible que, suprimía a sus oponentes sin piedad. Los aztecas, no obstante, identificaron a su jefe Tialtzin con la serpiente con plumas o dios Quetzalcóatl y, desearon ver en él a un dios pacífico, amante de su pueblo y gobernante justo.

Según una leyenda de los aztecas, Quetzalcóatl-Tialtzin fue retado por una fracción guerrera, que tenía su propio dios tribal: el fiero Tezcatlipoca (Espejo de Humo). La guerra entre los dos bandos, que se narra como una disputa entre ambos dioses, puso fin al poder de Tula y los toltecas.

El imperio tolteca cayó sobre los años 1156 y 1168 y a

éste siguió el establecimiento de un gran número de pequeñas ciudades, a lo largo y ancho del valle de México. Los últimos en llegar fueron los aztecas, cuyo nombre significa «gentes cuyo rostro nadie conoce». Llegaron del noroeste, trayendo consigo al dios de su tribu y dios de la guerra Huitzilopochtli, al cual ofrecían sacrificios humanos.

El concepto del sacrificio formaba parte importante dentro de la religión de los aztecas, pero los sacrificios humanos, que tanto nos impresionan, no siempre correspondían a esclavos o presos de guerra.

En el gran festival de primavera, dedicado al dios Tezcatlipoca, cualquier joven podía ser escogido, con su consentimiento, para ser la víctima.

En el año previo al sacrificio, el muchacho escogido era tratado con todo tipo de consideraciones y se le rendían honores. Le vestían convenientemente, se le entretenía con música y distracciones y, en su vida cotidiana, era servido por cinco pajes que le atendían en todo momento. La propia víctima era considerada un dios.

Veinte días antes del gran festival de primavera, le vestían como un jefe azteca y ponían a su disposición a cuatro hermosas mujeres a las que tomaba por esposas. Cinco días antes del sacrificio, se hacían fiestas y danzas. El día antes, el joven y sus esposas salían de la ciudad. Ellas, le abandonaban antes de llegar al templo, donde el sacrificio iba a tener lugar. A medida que ascendía los cuatro escalones, rompía una flauta. Una vez en el altar de piedra, el sacerdote lo mataba de un solo golpe con un cuchillo de piedra y ofrecía su corazón al Sol.

Tras el sacrificio seleccionaban a otro joven, que tomaba el lugar del que fuera sacrificado, al que se le rendían, como a su predecesor, honores propios de un dios resucitado y, que sería sacrificado a su vez, en las fiestas de primavera del año próximo.

## *Invocación del sacrificio*

Se trata de una invocación que algunas personas efectúan cuando deben realizar un sacrificio, es decir, dejar una forma de vivir para pasar a otra.

«A ti venimos estación de la luz y el florecimiento. A ti nos acercamos con respeto y honor para que nos protejas, ayudes y alimentes.

»Gran Tezcatlipoca, valeroso y gran dios, en tu honor y en tu gloria, por tu fuerza y tu protección, te entregamos a este siervo como muestra de nuestro amor a ti.

»El ciclo se cumple y lo que nace muere. El ciclo se cierra y la vida da paso a la muerte. El ciclo se cumple pero esta sangre lo renueva, con fertilidad y ardor.»

Los Aztecas, eran guerreros fieros y despiadados, considerados como bárbaros por el resto de los pobladores del valle. Vivían de lo que podían, arrasando ciudades y robando objetos preciados y mujeres. Acabaron por asentarse en dos islas cenagosas del gran lago del valle y hacia el año 1320 fundaron la ciudad de Tenochtitlán, ciudad que más tarde sería el centro de su imperio.

Los aztecas adquirieron gradualmente la cultura de las

ciudades en las que se asentaban, sus dioses su lengua y sus tradiciones. Se consideraban herederos directos de los toltecas y trataron de dar sus conocimientos a través de la escritura, adaptando su historia y esgrimiéndose como continuadores de un tiempo de paz, de una ciudad de oro de su raza, que irradiaba desde Tula.

En el año 1500 los aztecas habían conquistado una gran parte del centro de México, estableciendo su propio sistema político y social. Utilizaban una escritura basada en dibujos, un código matemático y un calendario completo que les servía para calcular los días y los meses. Su idioma, el náhuatl, era el común entre las tribus del valle y, aún hoy, es el idioma de los indios mexicanos.

La religión de los aztecas era el resultado de una fusión de creencias. Entre sus dioses más importantes se encontraba Tlaloc, el dios de la lluvia, a quien ofrecían niños en sacrificio. Xiutecutli, el dios del fuego y señor de los volcanes. Huitzilopochtli, dios de la guerra y del sol. Quetzalcóatl, la serpiente con plumas y, finalmente su gran rival Tezcatlipoca, a quien se identificaba con la noche y con la muerte, con la magia y la brujería. Mictlantecutli, el dios del mundo subterráneo, gobernaba Mitctlán, el reino de la muerte.

La mayor parte de las almas seguían un recorrido previo a su llegada al noveno infierno, la eterna casa de la muerte. Los más afortunados iban a un paraíso, en el que reinaba el dios de la lluvia. Los guerreros que morían en combate, aquellos que eran ofrecidos en sacrificio y las mujeres que fenecían en el momento del parto, encontraban una nueva y mejor vida en los dominios del sol.

## *Invocación de muerte*

Detallamos seguidamente una de las invocaciones funerarias más importantes. Se trata de una petición mágica para conectar con «el otro lado», más que de una oración en sí. La utilidad de este rezo se basa en lograr que el difunto tenga una buena acogida por parte de los seres divinos.

«Nos ha dejado y ya no está. El que un día vivió con nosotros, cuando todavía era vuestro hijo, va camino de vuestra casa. Ahora ya ha crecido y en su nueva vida estará con vosotros.

»Ha demostrado su valía con sus semejantes y merece el reino de la lluvia, para que pueda regar permanentemente su alma, con nuevos y mejores conocimientos.

»Te pedimos, dios Tezcatlipoca, tú que dominas la nueva vida de la muerte, que lo alejes de las garras de Mictlantecutli.

»Te rogamos, Mictlantecutli, que libres a este ser de vivir contigo.»

El Imperio azteca cayó en 1521. Su último emperador, Monctezuma II, fue más un filósofo que un guerrero y un rey. Su nombre pasó a la leyenda y pasó a formar parte de la mitología de los indios mexicanos.

## Los cinco soles

Según la tradición de los aztecas, la historia del mundo es fruto de cinco edades, o cinco soles.

Dicen, que la primera edad, se asentó en un mundo dominado por la oscuridad, en el que sólo vivían animales sin poderse dar ningún otro tipo de vida. Tan poderosos eran aquellos animales que, su tiempo es conocido como el de la Edad de los Gatos Monteses. Cuando la Edad de los Gatos Monteses llega a su fin, los escasos vestigios que allí quedaron, se convirtieron en monos.

Afirma la leyenda que, los primeros cuatro Soles fueron llamados según los cuatro elementos: Tierra, Aire, Fuego y Agua. E incluyen, también, una Edad del Hombre. Durante cada Edad del Sol aparecía una vida, pero cada edad concluía con una catástrofe.

El Sol Tierra, que según algunos fue llamado también la Edad de los gigantes, acabó violentamente en un terremoto y las montañas cayeron al mar.

El Sol Fuego sucumbió vencido por una lluvia de lava, los únicos supervivientes fueron los pájaros y algunos seres capaces de convertirse en aves y volar escapando hacia el cielo.

El Sol Aire cayó destrozado por los huracanes y a los vientos que arrancaban todo lo que encontraban a su paso.

El Sol Agua acabó con una gran inundación que ahogó a todas las criaturas vivientes, excepto los peces y dos humanos. Se llamaban Tata y Nena. Se cuenta que ambos estaban trabajando la tierra, cuando el Sol Agua se acercó a ellos y les dijo:

«Voy a desatar un gran diluvio que cubrirá toda la Tierra, pero vosotros os salvaréis. Deberéis subiros a uno de los árboles más altos del bosque y meteros, como monos, en un agujero que se halla en su copa y, quedaros allí hasta que el caudal de las aguas haya descendido. Pero recordad que, no debéis ser glotones y no comer más de lo que preciséis, os conformaréis con una mazorca de maíz para cada uno, nada más.»

Después de lo que les pareció a ambos mucho tiempo, el caudal de las aguas descendió y, los dos humanos descendieron de su escondite. Tenían hambre, mucha hambre y, entonces, vieron un pez que nadaba en las aguas de un arroyo. Sin pensarlo dos veces y olvidando la advertencia, lo pescaron y comenzaron a cocinarlo. El Sol Agua, enfadado, tomó un gran bastón y les golpeó en la cabeza, removiendo la parte del cerebro que había hecho que los humanos fuesen seres semejantes a los dioses y, los convirtió en perros. La Edad del Sol Agua había concluido.

El quinto sol nació en Teotihuácan, la ciudad sagrada donde fuera levantada la gran pirámide en honor al Sol. El quinto sol unió los cuatro elementos y, de tal unión surgió la Edad en la que vivimos.

## *Los mayas y sus creencias*

Los mayas, llegaron a América Central sobre el año 2500 a. C., asentándose en las tierras que hoy constituyen Guatemala, desde la planicie costera del sur de Chiapas, en México, hasta la mitad occidental de El Salvador, en las bajas tierras boscosas del norte de Guatemala y Belice y, en la península de Yucatán.

En los albores de su civilización, recibieron la influencia de los olmecas del golfo de México y, de ellos, tomaron para sí sus calendarios y los signos de su escritura.

La vida de los mayas estaba dominada por sus dioses. Sólo algunas historias al respecto nos son conocidas. Los investigadores han estudiado las representaciones de los dioses en los códices, estableciendo una denominación muy simple para señalar a las deidades: las letras del alfabeto.

El dios «A», representado por una calavera es, muy posiblemente el dios de la muerte, conocido en el Yucatán como Yum Kimil. El dios «G» era el dios sol y el dios «I» el de las aguas. El dios supremo parece que era conocido bajo el nombre de Itzamna y su esposa era Ixchel. También sabemos que el dios de la cabeza de serpiente emplumada era, en efecto, Kukulkán. Otros dioses que aparecen en los códices son el dios del cielo o de las estrellas, el del maíz, el de la guerra y el dios de los viajeros y el comercio. También honraban a dioses dedicados a los elementos y a numerosos animales.

Los dioses y espíritus mayas eran por lo general, amigos de los hombres y, aunque entre los mayas se conocen sacrificios y castigos sangrientos, no se practicaban en gran escala.

## El Popul Vuh

*El Popul Vuh* o Libro sagrado de los avisos es una recopilación de las creencias y mitos de los mayas. El fin de su confección se orienta hacia el año 1544 y fue traducido de la lengua quiché al castellano por el reverendo padre Franzisco Ximénez.

En el *Popul Vuh* podríamos distinguir tres partes, en las que se desarrollan los concepto de la creación del mundo y los orígenes del hombre que, después de varios intentos infructuosos fue hecho de maíz, cereal que constituye la base de la alimentación de los pueblos de México y Centroamérica.

Este libro también nos habla de las aventuras de sus dioses, ejemplos que les sirven de pautas morales de conducta, castigando a los malvados y soberbios, premiando a los limpios de corazón. Al mismo tiempo, el *Popul Vuh* es un caudal de información sobre el origen de los pueblos indígenas de Guatemala, sus emigraciones, sus guerras, el reparto del territorio y el asentamiento final de los antepasados del pueblo quiché.

Respecto a la creación del mundo cuenta que, al principio, era un tiempo en que todo estaba en calma y en silencio. No había tierra, sólo existía el mar tranquilo y un cielo desnudo e inmenso. La noche se cernía sobre el mar y en las aguas más profundas, habitaban Tepeu, el Creador y Gucumaz, el Hacedor de Formas. Como dioses, filosofaban y meditaban. Un día decidieron cambiar la oscuridad en luz del día, para que el mundo conociera la luz y la vida.

Crearon luz, tierras, montañas y animales, pero consideraron que su labor no estaría terminada hasta que no hubiera un ser que supiera adorarlos pronunciando su nombre.
Primero hicieron un hombre de barro pero, no era sólido ya que se deshacía con el agua. Entonces decidieron consultar a la Abuela del Día y a la Abuela del Amanecer. Juntas hicieron hombres y mujeres de madera. Eran más fuertes pero,

tampoco poseían la facultad del entendimiento. Al ver que tampoco servían decidieron destruirlos, desatando una gran inundación.

Los dioses se volvieron a reunir y, antes del amanecer, crearon los primeros seres humanos. Hicieron su carne de maíz amarillo y blanco, sus piernas y brazos estaban confeccionados de masa de maíz. Eran cuatro hombres buenos y sabios. Durante un tiempo, los dioses quedaron satisfechos de su obra, pero, temiendo que fueran superiores a los dioses lanzaron aliento mágico sobre sus ojos, para retirarles la intuición de las cosas secretas, dejándoles sólo un sentido limitado de los misterios de la naturaleza y la existencia. Al mismo tiempo, mermaron la capacidad de percepción de los hombres, otorgándoles un don: el del sueño. Mientras dormían, los dioses hicieron aparecer a su lado, cuatro mujeres y, con las que procrearon, extendiéndose así, sobre la faz de la Tierra.

## Oración de la Creación

Esta Creación tan especial nos sirve para recoger una oración invocatoria cuya utilidad estriba en que la persona tenga claridad mental, se aleje de lo mundano y posea capacidad para acercarse a lo divino.

«Vosotros me creasteis, vosotros me disteis la vida, pero en este instante mi cuerpo se desvanece como el barro humedecido por la lluvia. Mi ser se endurece rígido como la madera y mi alma no fluye. Mi cuerpo de maíz me resulta doloroso y el aliento divino ciega mis sentidos.

»Oh dioses de la creación, abuelas de la sabiduría, padres que me hicisteis, darme valor para acercarme a vosotros y no permitáis que el sueño que me invade cuando estoy despierto me aparte del camino de la verdad.»

## Los hijos del Sol, los incas

La dinastía de los emperadores incas se inició alrededor del año 1200 d. C. Sólo se conocen datos fiables a partir del año 1438, que coincidió con la subida al poder del emperador Pachacutec.

El pueblo inca hizo de la cordillera de los Andes su hogar. Tenían la llama y la alpaca como animales domésticos y de ellos sacaban la carne y la lana. Eran muy hábiles tejedores y alfareros y poseían grandes conocimientos de medicina e incluso practicaban la cirugía. Desconocían la escritura pero realizaban operaciones matemáticas con el *quipus*, consistente en un sistema de cordeles de diferentes nudos y colores.

A pesar de que desconocían el hierro y de que no fueron los inventores de la rueda, fueron unos notables ingenieros. Construyeron enormes edificaciones con una precisión que, aún hoy, resultan inigualables. En Sacsahuamán, la fortaleza que domina Cuzco, hay piedras perfectamente esculpidas, con un peso de cientos de toneladas, ensambladas con una exactitud tal que entre ellas no cabe ni la hoja de un cuchillo.

La ingeniería inca, desarrolló en la ciudad de Machu Pichu, que se alza en el valle de Urubamba, al norte de Cuzco y que fue descubierta en el año 1911, un exponente de lo que es una de las más impresionantes ruinas del mundo.

## *Sus dioses*

El dios supremo de los incas era Viracocha pero, era más un dios de la nobleza que del pueblo llamo. Inti era el dios del Sol, Mamaquilla, la Luna, Illapa el del Trueno y, por encima de todos ellos Pachamama, la Tierra Madre. Estas deidades eran las más adoradas por el pueblo inca, y les rendían culto en deslumbrantes ceremonias celebradas en el Templo del Sol. Los emperadores incas proclamaban y sostenían que su pueblo descendía directamente del astro luz, del Sol.

Existe una hermosa historia, dogma de fe para los incas, que narra la creación del mundo y el nacimiento de los incas.

Según la tradición, cuentan que Viracocha, el gran Dios Creador, decidió crear un mundo donde pudieran vivir los hombres. Primero hizo el cielo y la tierra, después hizo las gentes que habitarían en ella, esculpiendo inmensas figuras de piedra a las que dio vida. Al cabo de un tiempo, los gigantes se negaron a trabajar, perdiendo el tiempo en luchas entre hermanos. Viracocha enfurecido, decidió destruirlos, pero no a todos. A algunos los volvió a convertir en estatuas de piedra que según la leyenda todavía hoy existen en Tiahuanaco y Pucará. El resto pereció ahogado en una gran inundación. Los lagos Titicaca y Poopó son restos de aquel diluvio.

Pero, Viracocha salvó a dos de los gigantes de piedra, les redujo de tamaño y con ellos creó una nueva raza.

El mundo estaba a oscuras y, Viracocha entristecido pensaba que no podía entregarse al júbilo de la contemplación de su obra. Entonces, bajó al fondo del lago Titicaca y de sus profundidades sacó el Sol y la Luna. A partir de entonces el mundo tuvo luz.

Viracocha, feliz, decidió continuar su obra y pensó en

crear una raza de hombres superiores a todos los existentes. De tres cuevas cercanas entre sí, ubicadas en un lugar llamado Paqaritambo, hizo emerger la nueva raza de hombres y mujeres. De las dos cuevas laterales, salieron los antepasados de los incas aldeanos y, de la del centro, ocho personajes, cuatro hombres y cuatro mujeres que serían los fundadores de la familia imperial inca.

Existe otra leyenda que sirve de contrapunto a la primera y nos explica otra versión de los orígenes del pueblo inca.

La tradición relata que las distintas tribus que componían el vasto Imperio inca tenían una especial predilección por el dios del Trueno y de la Lluvia. En su mayoría, pensaban que el dios Creador era junto con el dios Trueno, el responsable de la aparición del hombre. Según la tradición, la especie humana fue sacada del fondo de la tierra por el dios de la Creación, con una pala de oro. A él debían su existencia. También creó el trueno y los relámpagos con una honda. Las minúsculas piedras que caían con el rayo eran de especial veneración. Creían que fertilizaban los campos y protegían de las tormentas. También las utilizaban como amuletos potenciadores del amor.

El dios del Trueno era el segundo dios en importancia después del dios Creador y del Sol. Bajo el imperio inca los diferentes dioses del Trueno se unificaron en una sola deidad. Aunque se desconoce su nombre, en Cuzco tenía un templo edificado en honor a él. En dicho templo hay una escultura que lo representa con una descomunal figura humana. En su cabeza cubierta con una especie de turbante, se pueden ver simbolizadas las nubes que amenazan la tormenta.

## *Invocación a Viracocha*

«Ser Padre Creador de todo cuanto existe ante mi vista.
Ser Padre Creador de todo cuanto puedo escuchar.
Ser Padre Creador de todo cuanto mis pies pueden pisar.
Ser Padre Creador de todo cuanto mis manos pueden tocar.

»A ti doy gracias por existir. A ti doy gracias por vivir, en ésta tu tierra. En éste tu mundo que fabricaste para mí.

»Gran Señor Dios Padre Viracocha, ayúdame con tu protección. Permite que viva en armonía y conocimiento sabio junto a ti.

Protege a mis hijos, a mi tribu. Ilumina nuestra tierras y desciende tu poder en las aguas que nos dan de beber, para que nuestra existencia sea buena y digna de ti.»

# 14. *Santería*

La santería es una religión con un amplio panteón de divinidades conocidas como orichas. Se trata de un culto respetuoso a los santos, este respeto queda manifiesto en la adoración, alimentación y la puesta en práctica de aquellos ceremoniales que exige cada santo.

Las entidades de esta religión tienen un carácter propio, pero muy parecido al humano. Se trata de divinidades creadoras o destructoras. Como es evidente cada Oricha tiene también un poder, así vemos que alguno protege a los espíritus, mientras que otro se encargará de la salud, el amor, etc.

Profundizando un poco en la historia veremos que la santería, también conocida como Regla de Ocha se instaura, principalmente, en la Habana y en Matanzas. El culto de los negros llevados a Cuba como esclavos, se modificó a partir de del momento en que entraron en contacto con la religión católica. Al ver que se imponían nuevos conceptos religiosos y nuevas entidades, los esclavos adaptaron sus dioses a entidades católicas formando de esta manera el sincretismo religioso que todavía impera en la actualidad en la isla.

Al margen de las creencias propias del culto, la santería está basada especialmente en la vida de los orichas, ya que en el fondo ellos son los que tienen el poder, a los que se les rezará y solicitará protección mediante los rituales, oraciones y ofrendas.

De entre todas las divinidades, destacaremos las nueve más importantes con sus diferentes rezos:

Babalú Ayé es una entidad modesta y tranquila, sincretizada con San lázaro. Este dios capaz de ayudar a sus hijos curando milagrosamente todo tipo de dolencias a cambio de un simple trozo de pan o de un pedazo de coco. Conjuntamente con Changó y Ochún, es uno de los dioses más arraigados en Cuba.

Este dios preside las enfermedades y por ello se dice que es severo e implacable con quien no le obedece o se olvida del cumplimiento de lo que le ha prometido. Por el contrario se convierte en ayudante inseparable e incondicional de quién le ama y respeta.

## *Oración a Babalú Aye*

Ideal para poder superar una enfermedad.

«¡Oh Babalú Ayé, Dios poderoso!
Dame paciencia y tranquilidad,
alcanza para mí tu fortaleza,
no permitas que nada me venza.

Líbranos de toda enfermedad,
de todo mal corporal y espiritual,
protégenos de los hechizos,
aparta de nosotros la mancha del error,
ampáranos de toda crueldad.

Sálvame de las penas que me agobian,
alcanza para mí la curación.
Rey del mundo, espíritu de sabiduría, glorioso y elevado,
gracias por tu bendición. Así sea.»

Changó es el Oricha más fuerte e importante de todos ellos. Sincretizado con santa Bárbara. Está asociado con la fertilidad y las ganancias de dinero y la belleza. Es un oricha que en Nigeria ha ocupado un lugar preponderante entre los fundadores del reino de Yoruba al ser uno de los más bravos reyes de la tierra, no en vano se le vincula con el fuego, los rayos y la guerra.

## *Oración a Changó*

La presente oración a Changó nos dará el coraje y la fuerza necesaria para arremeter con las vicisitudes de la vida y, solventará los problemas de timidez y parquedad. También nos protegerá de las tormentas.

«Padre mío, Dios del trueno, protege mi casa,
dame la salvación radiante.
Que no me toque furia alguna,
que yo sepa responder.
Ante ti, con respeto acato tu palabra.
De rodillas a tus pies digo:

Dios del Trueno,
misericordioso Rey, ante ti, que se regocije la Tierra,
favorece a tus hijos con la fuerza y la energía,
salvaguárdame, auxilia a éste, tu hijo y a todos los míos.
Gracias Changó, gracias.»

Elegguá es una de las divinidades más importantes que, al igual que los otros santos, tiene por padre a Obbatalá y Yemayá. Se le conoce como el dueño de los caminos ya que él es el encargado de abrirlos y cerrarlos.

Sincretizado con san Antonio de Padua, posee la cualidad de ser protector de los engaños y las trampas; si bien puede ser transportador de noticias y al tiempo, patrono de los vicios, representante de los infortunios y las desesperanzas.

## Oración a Elegguá

Si queremos proteger nuestro hogar de todo daño, deberemos rezarle a Elegguá. Él es el que abre los caminos que nos permitirán evolucionar y caminar sin tropiezos. Su oración es la siguiente:

«Dueño de todos los caminos,
padre mío, llévate todo lo malo, para que pueda caminar.
Dame salud para mí y los míos,
que no haya pérdidas,
que se borren las peleas,
que no haya muerte.
Te doy las gracias padre mío Eleggua.
Tú, que nunca abandonas a tus hijos,
gracias por tu celo y protección».

Obbatalá es uno de los dioses más trascendentes de la religión Yoruba ya que, es uno de los que manifiesta mayor autoridad, sin duda porque está sincretizado con Jesús.

Se cree que, como ser andrógino es padre y madre a la vez y tal es su variedad, que se afirma que existen hasta un total de dieciséis obbatalás machos y hembras.

## Oración a Obbatalá

La siguiente oración va destinada a Obbatalá y se reza para que nos guíe en los caminos de vida, dando luz a nuestro destino.

«Gran Oricha, padre-madre, hombre y mujer,
creador del mundo y de todos, los buenos y los malos.
Rey y reina, dueño de la pureza y la justicia.
Gran protector del mundo y de lo que en él habita.
Protector mío y de las cosas buenas.
Salve, Padre Nuestro, Divino y Misericordioso.
Salve.»

Ochosi es el dios de la caza por excelencia, hijo mayor de Obbatalá y de Yemayá. En síntesis es un Oricha justiciero, guerrero y cazador que, además, dominas las artes de la magia y la adivinación, que sólo utilizará para hacer el bien. Como guerrero es conocido por su destreza y valor. También es el santo que protege la vida en las prisiones. Está sincretizado con san Humberto.

## Oración a Ochosi

El siguiente rezo, destinado a Ochosi, nos protegeremos de los problemas que podamos tener con la justicia, tanto como institución como en causas más personales y familiares.

«Bendito seas Ochosi,
dueño de todos los cazadores y Santo justiciero.
Tú que nunca abandonas a tus hijos de la Tierra,
despeja de maldades mi camino,
y, con tu flecha,
para todo el mal que venga para mí.
Gracias padre mío.»

Ochún es la diosa del amor hermosa, seductora y cautivadora sincretizada con la Virgen de la Caridad del Cobre. Es una de las principales mujeres de Changó a quién sedujo a través de un baile cargado de un fuerte ritmo de tambor. Por todo ello no debe extrañarnos que a esta oricha se le reclame en actos de amor, seducción y problemas matrimoniales.

## *Oración a Ochún*

El rezo a Ochún es el más adecuado para resolver problemas amorosos, del tipo que sean. Ochún también protege de los embarazos difíciles y de los problemas abdominales.

> «Madre mía, dueña del río,
> dueña del mundo,
> de estas dulces aguas donde todos nos sumergimos,
> para obtener tu bendición,
> para acercarnos al amor y a la felicidad,
> al bienestar y a la alegría.
> Reina linda que,
> con tu risa y alegría nos das amor.
> No queremos nunca obrar,
> despertando tu cólera,
> Intercede por nosotros,
> no nos abandones nunca,
> danos tu amor y bendición.
> Atrae el amor a nuestro lado.»

Oggún es una entidad que representa el hierro y que está sincretizada con sanPedro. Es un de los santos más viejos de la tradición y se le representa pícaro y travieso. Al ser amo y señor de los minerales y el hierro, está representado con la herradura, el yunque y el puñal. Se le puede pedir protección en situaciones conflictivas.

## Oración a Oggún

La oración que transcribiremos a continuación se destina a Oggún. Con ella nos protegeremos de habladurías y malas vibraciones emitidas por personas que no nos quieran bien.

«Poderoso Oggún,
te entregamos nuestro amor y rogamos por tu respuesta.
Oggún, estamos en aflicción,
te pedimos que ahuyentes el mal, las penas y el dolor.
Tuyo es el poder,
quita de nuestra vida maldiciones y, ahuyenta el mal.
Tu, que vives en el monte,
junto a los poderes Divinos,
llena mi camino de bondad,
aparta el mal y todo lo que pueda hacerme daño.
Oggún, bendito seas.»

Oyá. Ésta es una entidad severa, dura y fuerte que la tradición equipara con la Virgen de la Candelaria y al tiempo, con santa Teresita del Niño Jesús. Esta diosa se asocia con la fuerza de los vientos, las tempestades y los rayos. Se la vincula a la muerte y se dice que vive en la puerta de los cementerios controlando los espíritus de los difuntos también denominados Egguns.

## *Oración a Oyá*

En los momentos cruciales de la vida del ser humano: el nacimiento y la muerte, deberemos orar a Oyá. Ella nos protegerá de enfermedades y nos ayudará a superar el tránsito a la otra vida.

«Oyá, diosa guerrera y justa,
ahuyenta el viento de la muerte,
custodia mi alma y líbrame del infortunio.
Escúchame madre Oyá.
No permitas que sobre mí, recaiga el dolor,
ni la enfermedad, ni el odio o el rencor.
A ti Oyá, Reina y señora mía,
elevo mis ruegos,
protégeme del mal y desvía las penas de mi camino.
Cuida de tu hijo.
Gracias Oyá.»

Yemayá está sincretizada con la Virgen de Regla. Descrita como gran reina soberana del mar y las aguas salobres, es una criatura atenta, amorosa y complaciente.

Amante de sus hijos y abuela consentida. Mitológicamente se afirma que es la madre de todos los orichas y responsable de la creación de la sagrada ciudad de Ilé Ifé, cuya tierra fue transportada sobre un caracol que está considerado como sagrado.

Se la teme cuando está enfadada, ya que sus castigos son terribles, provocando maremotos o participando en actos sanguinarios. Se la invoca para pedir protección.

## *Oración a Yemayá*

El siguiente rezo va dedicado a Yemayá y con él invocaremos a la fertilidad tanto física como mental y protegeremos los embarazos.

«Yemayá, tú que estás lejos en el mar,
dueña del agua,
Madre de cabello de plata,
que pares la laguna,
Madre nuestra protectora,
mujer sabia y amorosa,
sálvanos de los peligros y la muerte,
ampáranos madre nuestra, Yemayá.»

# 15. Sufismo

El vocablo «sufí» era ya conocido antes de que Mahoma declarase su misión profética. La palabra «sufismo» procede del latín, *sufismus*; un erudito teutónico la acuño del latín en 1821. Anteriormente existía la palabra *tasawwuf*.

Los orígenes del sufismo son muy confusos, algunos estudiosos hablan de orígenes animistas, relacionados con tribus chamánicas procedentes del norte de Asia. El sufismo llega hasta nuestros días a través de la tradición que se comunica de generación en generación de forma secreta, bajo el sello de la ley arcana, y con una lenta iniciación bajo la influencia de maestros (*pir*) o de una comunidad (*tariqah*) de las que existen diferentes órdenes.

Para el historiador Jean Chevalier diversos personajes tuvieron una gran influencia sufí y, algunos fueron auténticos sufíes, como es el caso de Richard de Saint-Victor, Tomás de Aquino, Ramon Llull, Dante, Juan de la Cruz, Cantidera, Ramakhrisna y Aurobindo.

La doctrina religiosa del sufismo se funda sobre los principios de la unidad panteísta del universo, de la identidad sustancial de la divinidad con el alma individual, de la reabsorción de aquella con ésta, del repudio de todo culto, y de la interpretación del conjunto de cosas y seres del mundo como feliz espejismo de la sola, eterna e increada realidad del Uno.

Podemos decir que la doctrina sufí comprende:

- Una metafísica sobre el principio y la naturaleza de las cosas.
- Una cosmología referente a la estructura del universo y a sus múltiples estados del ser.
- Una psicología tradicional sobre la estructura del alma humana.
- Una psicología de orden profundo.
- Una escatología referente al fin postrero del hombre y del universo, así como el devenir.

Finalmente se puede decir que el sufismo es una autodisciplina: no poseer nada y no ser poseído, una disposición, libertad, dejar de violentarse y reprimirse, advertir la imperfección, dominio de las facultades y, por supuestos no es una secta ni un sistema dogmático.

Al abordar el sufismo no podemos hablar propiamente dicho de oraciones, ya que la mayor parte de sus «santones» fueron poetas, y por tanto sus plegarias a Él (Alá, Dios, la divinidad, el Todo, lo Absoluto, etc.) se convierten en auténtica poesía.

En ocasiones el sufí recita sutras del Corán, pero como este tipo de oraciones ya las abordamos al referirnos al islamismo, en las páginas siguientes preferimos utilizar toda la belleza poética oratoria sufí, siempre cargada de gran espiritualidad y misticismo.

En cuanto al lugar y postura, los sufíes siempre oran de cara a La Meca. Las oraciones deben de realizarse en una estancia limpia y sobre una alfombra. La postura debe ser la de meditación (postura del sastre) y la mano izquierda debe estar apoyada sobre el muslo derecho de la pierna, sobre la muñeca de la mano izquierda se apoyará la derecha cerrándose en su entorno. Las oraciones pueden ser de continuo recuerdo de Dios (*zerk*), de reflexión (*ferkr*), de meditación (*moraquebeh*), de autoevaluación (*mohasebehe*) y de invocación (*werd*).

## Oración de invocación del poeta sufí Hafez

«¡Oh tú! cuyo Nombre es la curación
El vino y placer del sueño en la madrugada,
¿hasta cuándo los persigues?
Busca Su Perdón en medio de la noche
y el anhelo de la aurora.»

## Oración de invocación del Komeil dicha por Alí

Esta oración tiene la finalidad de dirigir toda la atención del sufí hacia Dios, de forma que su interior y exterior se convierta en Uno, para alcanzar la soledad y sumergirse en la Verdad.

«¡Oh mi Señor! Te suplico por Tu Divina Esencia, por Tus Supremos Atributos y Nombres, que sacies todos los momentos de mis noches y mis días con Tu Recuerdo, que me mantengas ocupado en tu servicio, y aceptes mis actos; para que todos mis hechos y palabras sean uno, y mi estado esté continuamente a Tu disposición.»

## Oración para mantener el recuerdo con Él

La vida mundana separa al sufí del recuerdo de Dios, está oración-invocación se realiza por los sufíes después de la oraciones obligatorias que tienen, debe recitarse tres, cinco o siete veces:

«¡Oh Tú! El que abre las puertas de la Gracia, ¡Oh Tú! El que despierta las intenciones, ¡Oh Tú! El que transforma los corazones y las miradas, ¡Oh Tú! El que controla las noches y los días, ¡Oh Tú! El que permuta las fuerzas y los estados, convierte mi estado en el mejor de los estados.»

## *Invocaciones que deben recitarse varias veces*

Algunas invocaciones precisan repetirse un número determinado de veces según la tradición o según las prescripción del maestro. A continuación destacamos algunas de ellas y su número de repeticiones.

«... ¡Oh Tú! El viviente, el Eterno, ¡Oh Tú! Aquel que no hay otro dios sino Él; me refugio en Tu Gracia...»

(Invocación de «refugio» para repetir cuarenta y una veces.)

«... Puro es Dios, y toda alabanza Le pertenece a Él, puro es Dios, el Majestuoso, y toda alabanza Le pertenece a Él. A Él ruego Su Misericordia...»

(Invocación de «misericordia» que debe repetirse cien veces.)

«... En el Nombre de Dios, El Misericordioso, el Compasivo. No existe fuerza ni poder alguno sino Dios, el Ensalzado, el Sublime...»

(Esta invocación simple se recita siete veces.)

## *Oración-poesía de Rumi*

En esta oración-poesía, el corazón se convierte en el lugar para la manifestación de la totalidad de los Atributos Divinos. Se verá que se utiliza la expresión «amado» como también la utilizó Ramon Llull, en *El Libro del Amigo y el Amado*.

«Tanto tiempo lleva el Amado
Sentado, cara a cara con mi ávido corazón
que éste se ha convertido todo en Él.
Se vuelve dulce la madera
por su contacto con la dulzura;
el barro, encontrando la compañía de la flor
tomará su color y su aroma.»

## *Oración reflexión realizada por Rumi*

Se trata de una reflexión poética de gran belleza, escrita por Rumi, que se puede repetir como una oración, leyéndola al amanecer para mantener nuestro espíritu abierto.

«Día tras día, es mi pensamiento,
noche tras noche, mi palabra;
¿por qué ignoro los estados de mi corazón?
¿De dónde he venido?
¿Qué motivo tiene mi llegada?
¿Adónde finalmente me dirijo?
¿No me muestras mi patria?
Feliz el día en que vuele hacia el Amigo,
agitando mis alas, para alcanzar Su Morada.»

## *Invocación-oración de Asheque Esfahani para recitar antes de meditar.*

Esta corta invocación debe recitarse antes de realizar la meditación. Tengamos en cuenta que los sufíes, igual que en el zen, budismo, taoísmo y otras prácticas, realizan meditación diaria.

«¡Oh Tú! el Guardián Supremo
Como una polilla, había fijado la vista en Él,
Cuando volví en mí, ya me había quemado.»

## *Poesía mística de Rumi, para seguir el camino*

En esta poesía-oración mística de Rumi se hace referencia a el aliento divino recibido, y a la necesidad de no perderlo cuando nos lo entregue cada día.

«Son palabras del profeta: las Gracias Divinas
se nos presentan en nuestras vidas.
Abrid vuestros oídos a Ellas,
aprovechad estos Alientos.
Se acercó Su Aliento y se marchó;
otorgó vida a quien la desea, y se marchó.
Otro Soplo se nos acerca, ¡oh hermano!,
ve atento a no perderlo otra vez.»

## *Oración de Sa'di sobre la autovaloración*

El sufí realiza el ejercicio de la autovaloración, en el que reflexiona sobre sí mismo y se autovalora, la autovaloración de los actos y pensamientos propios es el viaja hacia Dios, sabiendo que Él siempre evalúa los actos de cada uno.

«En el Nombre del Evaluador Supremo.
Dátiles no podemos comer de este cardo que hemos plantado,
Seda no podemos tejer de esta lana que hemos hilado.
No hemos dibujado línea alguna de arrepentimiento
sobre la tabla de nuestros errores,
no hemos grabado virtud alguna
al lado de nuestro pecados mortales.»

# 16. *Sumerios y acadios*

Al incorporar en este libro exaltaciones divinas de los sumerios y los acadios, hemos querido ofrecer al lector unos textos oratorios que pueden considerarse como los más antiguos del mundo.

Partimos de la base de que fue en Mesopotamia donde se inventó la escritura, alrededor del tercer milenio a. C. También es el lugar donde se inventó el mito como un hecho puramente religioso, que es transmitido en tablillas de arcilla en textos cuneiformes.

Estamos, por tanto, hablando de la primitiva religión que poseían babilonios y asirios, que algunos casos data del 3500

a. C., y se extiende hasta la época seleúcida de la mitad del siglo III a. C. Estos textos contienen aspectos litúrgicos, rituales, ceremonias del Año Nuevo, encantamientos, hechizos, presagios, así como aspectos referentes a temas astrológicos.

Para los sumerios y los acadios el mundo nació por emanaciones sucesivas del cielo y la tierra que estaban, en un principio, unidos por una montaña cósmica, hasta que fueron separados por uno de sus dioses, Enlil. Otros dioses dieron origen a la luz del día, la vida vegetal y animal, y finalmente a los seres humanos a partir del barro del Abismo y por obra de Nammu.

La religión sumeria y acadia está llena de dioses, espíritus y demonios, buenos y malos, que acompañan al hombre durante toda la vida para premiarlo o castigarlo. También hay que considerar que el ser humano ha sido creado exclusivamente para servir a los dioses.

## Plegaria al divino Gilgamesh

La mayor parte de los textos sumerios y acadios son mitos relacionados con la creación, el diluvio y otros temas; en realidad la única verdadera plegaria que podemos encontrar es la que reproducimos a continuación, que está dirigida al rey de Uruk, Gilgamesh, héroe de la epopeya que lleva su nombre y que al morir fue divinizado.

Esta plegaria formaba parte de una compleja liturgia, en la que además de otras plegarias se realizaban determinados ritos con figurillas de arcilla y sacrificios de algún tipo de animal. Se trata de una plegaria para alejar la enfermedad y el mal que afecta al orante. De esta plegaria reproducimos una parte de ella en la que desgraciadamente hay fragmentos incompletos.

«Gilgamesh, rey perfecto, juez de los Anunnaki,
príncipe reflexivo, traba de las gentes,
que escrutas los países, intendente de la Tierra, Señor del Mundo Inferior, tú eres juez y tienes facultades como un dios,
habitas en la Tierra y emites el veredicto final.

»Tu sentencia es inmutable, no se menosprecia tu palabra,
tú interrogas, tú escrutas, tú juzgas, tú examinas y pones en buen orden las cosas.

»Shamash ha confiado a tu mano los veredictos y las decisiones;
los reyes, los gobernadores y los príncipes se arrodillan en tu presencia; tú examinas sus oráculos, tú pronuncias las decisiones para ellos.

»A mí (nombre de la persona que elevaba la plegaria), hijo de (nombre del padre del orante), cuyo dios es (nombre de los dioses personales del orante), y la diosa (nombre de los dioses personales del orante), me ha sobrevenido un mal;
y a ti me dirijo fin de que dictes juicio
y pronuncies una decisión para mí, me he arrodillado ante ti.
Dicta juicio para mí, pronuncia una decisión para mí,
extirpa la enfermedad que hay en mi cuerpo,
persigue a Todo mal.

»Aparta el mal que hay en mi cuerpo,
acude hoy a mi lado y escucha mi palabra.

»Te he magnificado, te he honrado,
he derramado para ti harina pura,
he hecho para ti una libación de agua, he hecho para ti un sacrificio puro, te he presentado un vestido rojo [fragmento incompleto]
un barco de cedro [fragmento incompleto],
una tiara de oro [a partir de aquí faltan alrededor de unas doce líneas y otras veintiséis presentan un texto muy dificultoso].

»A tu orden, de mi cuerpo [fragmento incompleto]
a los que me persiguen sin cesar para hacerme mal, atrápalos,
confíalos a la mano de Namtar, el ministro de la Tierra,
que Ningizzida, el porta-tronos de la Vasta Tierra refuerce su vigilancia sobre ellos,
que Nedu, el portero jefe de la Tierra [fragmento incompleto] cara,
que ellos sean extirpados de entre los vivos,
que sean contados entre los muertos y caminen con ellos.

»¡Conjúralos para que no vuelvan a venir contra mi!
¿Hazme vivir para que cante tus alabanzas!»

## *Himno místico a Marduk*

Marduk es uno de los muchos dioses de la sumerios que no ocultan la unicidad de la divinidad. El monoteísmo religioso se concretó en la figura del dios Marduk, a quién se le consideró síntesis de diferentes dioses del panteón súmero-acadio. Un ejemplo es esta tardía composición babilónica de evidentes trazos míticos. Así aquí tenemos una exaltación a un dios al que se le atribuyen poderes de otros dioses convirtiéndolo en el dios por excelencia.

«Si es tu esencia divina, Annu, tu soberanía,
Dagan tu carácter señorial, Enlil tu cualidad de rey,
Adad tu potencia, el sabio Ea tu inteligencia,
Nabu el que tiene el estilete , es tu talento.

»Tu primacía es Ninurta, tu fuerza Nergal,
el consejo de tu corazón es Nusku, tu mensajero insigne
tu cualidad de juez es el luminoso Shamash, que realiza tu protección,
tu más importante nombre, ¡oh Marduk! es Sabio entre los dioses, tu flecha furiosa es un león sin piedad.

»Señor augusto, que aplastas a todos los enemigos, que haces apaciguar el combate,
tu escolta es la Crin, leal y justo juez
de los dioses y de las diosas.

»Tu magnificiencia son los Igigi, tu gemela es la guerrera Irnini.

»Vuestro estanque es el Apsu, vuestro quema-perfumes los cielos de Anu,
y en su inmensidad la tierra es vuestro pedestal, ¡Oh Señor!

»Los que, en el templo han acrecentado sus sacrificios [...fragmento incompleto...],
la viuda con la harina tostada, el rico con un carnero,
es a vosotros a quienes se acercan.

»¡Acudid aquí,
hacia el pan y hacia el agua del que os teme!

»Por la sentencia inmutable de vuestra boca, absolved
la infracción cometida contra vosotros.

»¡Proclame yo tus altos hechos, cante yo tus alabanzas!»

# 17. *Tantrismo*

El tantrismo es un ritual sagrado con rasgos esotéricos, mágicos y sexuales de ciertas formas del budismo y del hinduismo. Tantra significa «ampliar» o «extender» nuestro conocimiento interior. Los tantras dicen poseer una autoridad equivalente a la del *Veda*.

Los orígenes del tantra hay que buscarlos en el norte de la India, en Assam, alrededor del siglo IV, con una corriente que penetró tanto en el vaisnavismo como el saivismo.

El tantra se consagró como un culto a las divinidades femeninas, combinándose con el yoga y alcanzando importantes grados de ascetismo en el que sólo podían practicarlo quienes hubieran alcanzado la libertad interior a través de una iniciación.

En el tantra se practica el culto de convertirse en divinidad y adorar a otra divinidad, así el practicante tiene que identificarse con la esencia de lo divino mediante la purificación que se alcanza con técnicas de respiración regulada, repetición de mantras y posturas determinadas dentro del acto sexual.

## *Meditación-oración*

Esta meditación-oración está extraída de un textos hindú, y tiene como objetivo ver satisfechos sus deseos a aquellos que rinden culto respetuosamente en el «altar» del amor.

«Piensa que la región sexual de la mujer es un altar de sacrificio, que su vello es el césped ceremonial, que su piel es el recipiente del elixir y que los dos labios de su yoni son las lenguas de las llamas que se alzan sobre la ofrenda.»

## *Oración para recitar*

Este es un texto de la secta tántrica del Sombrero Negro del budismo tibetano, en el que se debe visualizar y recitar antes del acto sexual con respeto a la amada.

«Tu cuerpo tiene la forma de la diosa de la sabiduría, una doncella completa, desnuda, con el pelo ondulante. Yo soy tú, en el centro del brillo de la luz, sosteniendo un recipiente de elixir cerca de tu corazón y adornado con flores rojas.

El gurú entre en ti a través de tu yoni abierto, instalándose en tu corazón. La diosa de la sabiduría está sobre la coronilla de tu cabeza, tras acabar de consumar el acto del amor; está desnuda, con el pelo revuelto y su yoni está húmedo y chorrea secreciones sexuales. Sus tres ojos están llenos de emoción erótica y miran hacia la vastedad del cielo, el cual, cuando ella empieza a bailar, se llena de formas similares a la de ella.»

# 18. *Taoísmo*

El taoísmo surgió en China hacia el siglo IV a. C. Lao-Tsé fue el fundador de esta religión filosófica, y su nombre significa «anciano maestro», ya que, según la leyenda, nació con el pelo blanco.

Los taoístas buscan el equilibrio entre el lado tranquilo y femenino del cuerpo (Yin) y el activo y masculino (Yang). Creen en muchos dioses y tratan de vivir en armonía con la naturaleza, es por este motivo que utilizan los símbolos mencionados anteriormente, Yin Yang para representar el equilibrio y la armonía.

Su texto sagrado es el *Tao Tê Ching*, el libro del recto

camino que contiene unos cinco mil caracteres, título que abarca tres conceptos: Tao, concepto ético y metafísico central de la doctrina: Tê, la idea de este principio filosófico convertido en acción o en forma de conductay cuyo carácter se traduce por «poder», o bien, en otros casos, por «virtud» , finalmente Ching, que es un equivalente a canon, tratado, libro sagrado o Biblia.

El *Tao Tê Ching* se ha atribuido a Lao-Tsé, aunque no haya sido probablemente escrito por él mismo, pero sí es una exposición de su doctrina, elaborada posteriormente por sus discípulos, a la que añadieron pensamientos de autores chinos más antiguos.

El sistema de filosofía taoísta reposa sobre el concepto de Tao. Este concepto no es original de Lao-Tsé, sino que pertenece al corazón mismo del pensamiento chino.

La palabra Tao proviene de la combinación de dos caracteres: ch'o, que representa un pie dando un paso, y shou, una cabeza. El uso de Tao en el sentido de vía, camino, se derivaría del signo ch'o, mientras que el de shou implicaría la idea de pensamiento, es decir, de una ruta espiritual.

Los textos que aparecen a continuación no pueden calificarse como, propiamente dicho, oraciones. En el caso del taoísmo debemos sumergirnos en su cultura mística, cuya oración es pura meditación, reflexión o pensamiento de cariz filosófico. Pero en cualquier caso, cada texto lanza un profundo mensaje de la esencia del hombre, su devenir y su búsqueda interior.

En el taoísmo, creador y creación son una misma cosa. Bien y mal son los valores que la mente humana opone a los aspectos creadores y destructores del universo. Cuerpo y espíritu son dos percepciones diferentes de una misma energía.

«Un pétalo de flor no aparece jamás solo
sino formando parte de un árbol florido.»

Fa Tsang

El pensamiento místico está cargado en ocasiones de un sentido de la soledad y la quietud taoísta. Una soledad que puede ser placentera y desgarradora a la vez.

«Me preguntan por qué vivo solitario en esta montaña azulada.
Sonrío sin responder. Mi espíritu se encuentra a gusto.

»El melocotonero está en flor y los torrentes corren sin dejar trazas.

»¡Qué distinto es todo esto del mundo de los hombres!»

Li-Po

## El Tao Tê Ching

Ya hemos destacado que de todos los libros del taoísmo el *Tao Tê Ching* es el que puede considerarse como sagrado, es el libro del recto camino, cuyos textos repiten los taoístas como si fueran oraciones. No podíamos dedicar un capítulo del taoísmo sin recoger algunos párrafos importantes del *Tao Tê Ching*, así que dedicaremos las páginas siguientes a este cometido, sin embargo, recomendamos a los lectores interesados en el taoísmo que dediquen una especial atención a este libro y lean atentamente sus páginas, ya que se trata de una gran obra maestra cargada de misticismo, filosofía y gran espiritualismo.

▲ Texto del primer capítulo del *Tao Tê Ching*

> «El Tao que puede ser expresado no es el Tao eterno.
> El nombre que puede ser definido no es el nombre inmutable.
> La no-existencia es llamada el antecedente del cielo y la tierra.
>
> »La existencia es la madre de todas las cosas.
>
> »Desde la eterna no-existencia contemplaremos serenamente el misterioso principio del Universo.
>
> »Desde la eterna existencia veremos con claridad las distinciones aparentes.
>
> »No-existencia y existencia son idénticas en su origen; sólo se diferencian al hacerse manifiestas.
>
> »Esta identidad se llama profundidad. La infinita profundidad es la fuente de origen de todas las cosas del Universo.»

▲ Textos del capítulo XI, uno de los fragmentos más populares del *Tao TêChing* e indudablemente de gran profundidad y carga filosófica. El textos viene a comunicarnos la necesidad y la importancia de los espacios, de los lugares no-existentes, y aleccionándonos sobre la existencia y la no-existencia, pues ambas, coexisten y son interdependientes.

> «Treinta rayos convergen en el cubo de la rueda;
> Y de esta parte, en la que no hay nada, depende la utilidad de la rueda.
>
> »La arcilla se moldea en forma de vasos,
> y precisamente por el espacio donde no hay arcilla es por lo que podemos utilizarlos como vasos.
>
> »Abrimos puertas y ventanas en las paredes de una casa,
> y por estos espacios vacíos podemos utilizarla.
>
> »Así, pues, de un lado hallamos beneficios en la existencia;
> De otro, en la no-existencia.»

▲ El texto siguiente corresponde al capítulo XXII del *Tao Tê Ching* y es una exaltación a los valores humanos y a la humildad.

> «Sé humilde y te conservarás entero.
> Flexible, y te mantendrás recto;
> Vacío, y permanecerás lleno;
> Consúmete, y serás renovado;
> Al que menos tenga, más se le dará;
> Al que más tenga, más le será restado.
> Por esto el Sabio considera al Uno norma del Universo.
> No se exhibe, luego sobresale;

No se celebra, luego es advertido;
No se ensalza, luego merece elogio;
No se vanagloria, luego es insigne;
Y porque no lucha, nadie en el mundo puede luchar contra él.
Sé humilde y te conservarás entero, dice un antiguo provero.
¿Pueden estas palabras considerarse vanas?
En verdad que el humilde conservará su entereza.»

## Chuang Tzu

Otro de los grandes maestros taoístas fue Chaung Tzu, de quien el doctor Suzuki ha destacado: «Es el mayor filósofo poeta y literato ensayista de toda la historia de la escuela taoísta; aún más, tal vez, en todos los campos de la literatura china».

A Chuang Tzu se le concede la gloria de haber llegado al umbral del misterio de Dios. Se detuvo en el umbral porque, según dice, «ignorarlo es conocerlo y conocerlo es ignorarlo». Así, Chuang Tzu habla de la tiniebla del misterio del Tao:

«Ven acá para que te enseñe el Tao más encumbrado. La esencia del más alto Tao es profunda y oscura... Yo te conduciré más arriba de la gran claridad hasta llegar al manantial de la luz para que, por allí, entres por la puerta de la oscuridad tenebrosa hasta el manantial del misterio insondable.»

## *Chuang Tzu y Lie Tzu*

Estos dos filósofos chinos nos revelan las claves arquetípicas para penetrar en el sentimiento intuitivo del Tao, y lo hacen en este texto de gran belleza donde concuerdan en afirmar:

> «Si nada en tu interior está rígido
> las cosas exteriores se abrirán por sí solas
> En movimiento, sé como el agua;
> cuando quieto, como un espejo.
> Responde como un eco.»

# 19. Zen

El Zen es un movimiento budista japonés que posee el carácter de religión. Podríamos decir que es el resultado de la unión del sintoísmo con el budismo.

Inicialmente en el Zen cada monje llevaba su propia vida, haya que a mediados del siglo VI se establecieron en la montaña de Sobo desde donde empezaron a alcanzar su florecimiento. A partir de ahí surgieron diferentes escuelas, entre ellas la fundada por Eno, quien defendía que cada cual es libre de elegir su propio camino de acuerdo con su experiencia y tradición. Por su parte el Zen ortodoxo afirma la posibilidad de una experiencia directa de la realidad a través de la maduración y la experiencia interior de cada persona.

El Zen, a través de la meditación y la contemplación, busca la iluminación interior, y afirma que la naturaleza original del ser humano es de carácter búdico, pero que el no realizarse se debe a la ignorancia.

Existen hasta veinticuatro ramas diferentes de Zen, de las que, las cinco más importantes son:

- ▲ Movimiento Rinzai, que se caracteriza por la serenidad de sus miembros.
- ▲ Movimiento Soto, cuya constante es la minuciosidad.
- ▲ Movimiento Igyo, que mantiene firme una solemne seguridad en todos y cada uno de sus actos.
- ▲ Movimiento Ummon, probablemente el más clásico de todos.
- ▲ Movimiento Hogen, uno de los más claros.

El Zen tiene una serie de preceptos fundamentales que resumen la enseñanza de Bodhi-dharma, patriarca fundador del budismo Zen, estos preceptos son los siguientes:

- ▲ Transmisión particular más allá de las Escrituras.
- ▲ No fundarse en tus textos.
- ▲ Revelar directamente a cada persona su espíritu original.
- ▲ Contemplar la propia naturaleza para alcanzar el estado de Buda.

## Votos Zen

El Zen no contiene en si una serie de oraciones para practicar su doctrina, sino, más bien, reflexiones para conocer y alcanzar la iluminación e incrementar el deseo de la iluminación. En algunos casos al abrazar los estados monásticos, los futuros adeptos al Zen deben expresar sus votos y pronunciarlos. Estos votos son los siguientes:

«Hago el voto de ayudar a realizar la travesía a todos los seres, aunque su número sea ilimitado.

»Hago el voto de destruir mis malas pasiones, aunque sean inagotables.

»Hago el voto de estudiar las enseñanzas del Dharma, aunque sean innumerables.

»Hago el voto de seguir el camino de Buda, aunque no haya otro parecido».

Otros votos también recogidos por los seguidores del Zen son «los diez votos sublimes» que son los siguientes:

- ▲ Honrar y servir a todos los Budas.
- ▲ Esforzarse en mantener la integridad de las enseñanzas de todos los Budas y en perpetuarlas.
- ▲ Hallarse presente en la aparición de cada Buda, sea cual fuera el momento y el lugar donde aparezca.
- ▲ Actuar conforme al estado de Bodhisatva.
- ▲ Incitar a todos los seres a atender la enseñanzas de los

Budas de manera que puedan hallar un remanso de paz en la sabiduría de los plenamente iluminados.

- ▲ Poseer una visión vasta e inagotable del Universo, en la multiplicidad de todas sus posibles apariencias.
- ▲ Realizar en sí mismo, de la manera más intensa, la unión del Cada y del Todo, la unión del Todo y del Cada, y hacer inmaculadas las moradas de todos los seres, del mismo modo que son inmaculadas las tierras de Buda.
- ▲ Permanecer unido con los demás Bodhisatvas en una misma intención, llegar a intimar con el Tathagata, de manera que se pueda penetrar en cualquier reunión de seres y alcanzar el Mahayana que está más allá del pensamiento.
- ▲ Hacer girar la rueda del Dharma.
- ▲ Realizar la Suprema Perfecta Iluminación en todos los mundos, franqueando todas las etapas de la budeidad y acogiendo los votos de todos los seres y, a pesar de manifestarse como un ser sumergido en el Nirvana, no dejar de perseguir los fines propios del Bodhisatva.

## *Karma y Zen*

El Karma y la corriente de la vida primitiva está recogida en el Zen y así lo podemos ver en este textos de gran profundidad mística.

«¿De dónde viene mi vida?
¿Adónde va?
Me siento en soledad en mi cabaña
y medito en silencio;

con todo mi pensamiento, no sé de dónde
ni llego a ningún adónde;
así es con mi presente,
eternamente cambiante: ¡todo Vacuidad!
En esta Vacuidad está el ego por un tiempo,
con sus síes y sus noes;
no sé dónde establecerlos,
yo sigo mi Karma en su movimiento, perfectamente contento.»

## Vacuidad

El tema de la vacuidad, el vacío, es cuestión de gran reflexión y meditación dentro del Zen. El Maha-pranaparamita, sutra de gran transcendencia, se recogen dieciocho formas de Vacío de las que reproducimos algunas a continuación:

- ▲ El Vacío de las cosas interiores: ausencia de ego, irrealidad de los cinco sentidos y la conciencia.
- ▲ El Vacío de las cosas exteriores. Irrealidad de los objetos de los sentidos y de la conciencia, que no tienen sustancia.
- ▲ El Vacío de las cosas interiores y exteriores: irrealidad de la distinción que hacemos entre lo interno y lo externo.
- ▲ El Vacío de los Vacío, considerado el dualismo como irreal, está uno tentado de adherirse a la idea de la realidad del Vacío, ahora bien, el propio Vacío es irreal.
- ▲ El Gran Vacío: irrealidad del espacio.
- ▲ El Vacío de la Verdad suprema, vacío del verdadero ser de las cosas, pues a este ser nada puede adherirse.
- ▲ El Vacío de las cosas creadas.

▲ El Vacío de las cosas no creadas, que sólo existen unas en relación con las otras y sólo en la conciencia que las distingue.

▲ El Vacío Supremo (vacío absoluto): «La habitación se barre con la ayuda de la escoba; pero si se guarda la escoba, ya no hay vacío absoluto. Es más, deben ser apartados escoba y barredor sí se pretende alcanzar la idea de Vacío Supremo».

Entre otros vacíos expuesto en la Maha-pranaparamita, está el Vacío de lo ilimitado, el Vacío de la dispersión, el Vacío de la naturaleza, El Vacío de la personalidad, el Vacío de todas las cosas, el Vacío de la inaccesibilidad y el Vacío de no ser.

# 20. Zoroastrismo

El zoroastrismo o mazdeísmo se basa en los dioses: Ahura-Mazda, un buen espíritu, y Angra-Mainyu, un espíritu maligno.

Esta religión se fundó en Persia (actual Irán) hacia el año 1000 a. C. Su profeta principal fue Zoroastro o Zarathustra.

Su texto sagrado es el *Avesta*, que explica la lucha entre el bien y el mal. Este texto consta de cinco partes: el Yasna o «Sacrificio»; el Vipered o colección de cantos dirigidos a «Todos los Señores»; el Vendidad, «Ley contra los demonios»; y el Khorda Avesta, «El pequeño Avesta», libro de oraciones para el rezo o devoción privada.

Referente a Zarathustra, cabe destacar que perteneció a una familia aristocrática, la de los spitamas. Mientras su pueblo pastoreaba, Zarathustra dedica su vida a meditar y propagar la creencia en Ahura Mazda, cantando sus excelencias; sin embargo, es incomprendido en su tierra natal y huye debido a un edicto de destierro. Durante su destierro conoce al sátrapa Vistaspa que se convierte en su protector. Zarathustra tuvo tres esposas, y el Príncipe del mal pretendió tentarlo e incluso acabar con su vida, pero Zarathustra recitó la oración: «Ahura-verya, yatha, ahu, veryo», y el Príncipe del mal, turbado, se alejó de él.

## *Oración a Ahura*

«Esto te pregunto, dímelo, ¡oh Ahura!... ¿Quién era el creador del orden recto, quién su padre desde el principio? ¿Quién creó el sol y el curso de las estrellas? ¿Quién es aquél por el que la luna crece y decrece?

Esto, ¡oh Mazda!, y todavía otras cosas deseo saber. Esto te pregunto, dímelo, ¡oh Ahura! ¿Quién sostiene la tierra abajo, y el cielo para que no caiga? ¿Quién creó las aguas y las plantas? ¿Quién enjaezó al viento y a las nubes, a los dos corredores? ¿Quién, ¡oh Mazda!, es el creador del ánimo bueno? Esto te pregunto, dímelo, ¡oh Ahura! ¿Qué maestro creó la luz y las tinieblas, qué maestro creó la vigilia y el sueño? ¿Quién creó el amanecer, el mediodía y la noche, que a los clarividentes les recuerda su trabajo?

Como creador de todo esto, quiero reconocerte por el espíritu que da la salvación.»

# Índice